KB274347

제3의 직장

이 도서의 국립중앙도서관 출판시도서목록(CIP)은 e-CIP홈페이지(http://www.nl.go.kr/ecip)
와 국가자료공동목록시스템(http://www.nl.go.kr/kolisnet)에서 이용하실 수 있습니다.(CIP제어
번호 : CIP2013005077)

내 삶의 가치를 찾아줄
새로운 일자리 이야기

THE JOBS IN THE
THIRD SECTOR

제3의 직장

박상필 지음

한울

서문

　현대사회의 특징으로는 세계화·정보화·자동화 등을 들 수 있다. 이러한 사회에서는 세계가 하나의 지구촌을 형성하여 서로 교류하고 영향을 주고받는다. 그리고 정보가 중요한 가치로 인정받고 정보의 생산과 유통이 극도로 증대한다. 또한 생산에 필요한 많은 노동을 컴퓨터를 비롯하여 기계가 대신한다. 따라서 생산성이 높아지고 소득이 증대한다. 그에 따라 노동시간이 줄어들고 여가가 늘어난다. 그러나 그 이면에는 소득과 정보의 불균등이 생기고, 대량실업이 발생하는 문제가 있다. 특히 노동시간의 단축에 따른 실업문제는 커다란 사회문제가 되고 있다. 한국에서도 청년실업을 해결하는 것이 주요 국가정책 중의 하나이지만, 좀처럼 해결될 기미가 보이지 않는다. 조기은퇴에 따른 재취업의 활성화도 중요한 국가정책 내용이다. 그런가 하면 장애인·여성·노인·전과자·알코올의존자·미숙련자 등 사회적 약자의 취업지원도 정부가 해결해야 할 숙제이다.

　고등학교나 대학교를 졸업하는 청년을 비롯하여 재취업을 원하는 시니어(senior)는 대부분 정부나 기업에 취직하는 것을 염두에 두고 준비를 한다. 그러나 정부나 기업에 취직하는 것은 경쟁이 치열할 뿐만 아니라, 막상 공무원이나 회사원이 된다고 해도 처음 생각했던 것만큼 직업만족도를 얻지 못한다. 소득·안정성·자기계발·성취감·사회기여도 등 여러 측면에서 공무원과 회사원의 직업만족도에는 한계가 있다. 정부는 관료제로 이루어져 있고 공식적인 의사결정체계를 가지고 있다. 따라서 수십, 수백 대 일의 경쟁률을 뚫고 공무원이 된다고 해도 대부분 정해진 틀 속에서 반복된 업무를 계속할 뿐이다. 관료제의 위계 속에서 근무하다 보면 어느새 명령에 복종하는 기계로 변하고 만다. 기업은 이익을 극대화하는 것이 목표이기 때문에 성과에 집착한다. 따라서 흔히 사람들은 대기업에 취직했다고 좋아하지만, 회사원으로 근무하다 보면 자기도 모르게 물신성을 추종하는 동물이 되어버리고 만다. 취직 10년 차의 영혼이 없는 공무원, 돈의 노예가 된 회사원이라는 말이 결코 과장이 아니다.

정부와 기업에서 눈을 돌려 시민사회 혹은 비영리섹터로 한번 가보자. 흔히 제3섹터라고 말하는 이 영역에는 정부의 운영원리인 강제 · 계층화 · 다수결 · 획일성, 기업의 운영원리인 이윤추구 · 경쟁 · 효율성 · 실적주의와는 다른 원리와 가치가 작동한다. 제3섹터는 자율 · 참여 · 연대를 비롯하여 형제애 · 봉사 · 관용 · 공공성 · 다원성 · 공동체 · 윤리 · 세계시민정신 · 생태주의 · 국제협력 · 실험정신 · 영성 등과 같은 가치를 중시한다. 따라서 인간의 잠재력을 계발하고 정신적인 욕구를 충족시킬 수 있는 많은 계기를 지니고 있다. 이 영역에서 사람들은 결사체를 만들어 서로 대화하고, 사회적 약자를 지원하고, 국경을 넘어 연대하고, 자연을 소중히 하고, 새로운 체제를 실험한다. 그 속에는 국가가 다루지 못하고 기업이 접근하지 않는, 모든 인간이 추구하는 정신적 가치, 윤리적 이상, 사회적 관계, 문화적 향유 등 삶의 질적 풍요와 비약을 위한 가치와 행위가 들어 있다.

제3섹터는 지금도 한국 전체노동의 7%(미국의 경우 11%)를 차지하고 있다. 자세히 살펴보면 제3섹터에는 의미 있는 삶을 창출할 수 있는 창조적인 직장이 많다. 더구나 최근 사회적 경제에 대한 정부의 관심과 지원이 늘어나고, NGO가 증대하여 시민운동이 활성화되면서 제3섹터에서 창업할 수 있는 기회도 크게 늘어났다. 그만큼 정부의 재정지원, 정보의 입수, 성공사례의 탐색, 동업자의 확보 등이 쉬워진 것이다. 지금은 비주류 직장에 속할지 모르지만 세계적인 트렌드(trend)로 볼 때 주류로 등장할 수 있는 직장도 많다. 당장은 정부나 기업과 관련된 직장이 강력하고 화려해 보일 수 있다. 그러나 권력이 아무리 세다고 한들 10년을 넘기기 어렵고, 돈이 아무리 많아도 사람은 하루 세 끼 이상 먹을 수 없다. 사실 권력과 돈의 이면에는 인간의 정신을 갉아먹는 구조와 원리가 작동하고 있다. 반면에 제3섹터의 직장은 인간의 잠재력을 계발하고 삶의 가치를 추구할 수 있는 좋은 기회를 제공한다.

삶의 질적 비약을 위해 정부나 시장 영역에서 제3섹터로 이동한 사람도 많다. 미국의 지미 카터(Jimmy Carter) 전 대통령은 재임 시 무능하다는 비판을 받은 평범한 대통령이었다. 그러나 퇴임 이후 그는 카터센터를 설립하고 평화운동에 뛰어들어 노벨평화상을 수상했을 뿐만 아니라, 전 세계 사람들로부터 존경을 받고 있다. 고건 전 총리는 한국의 대표적인 공무원이자 성공한 관료로서 2번이나 총리를 역임했다. 기자들이 총리직에서 물러나는 그에게 앞으로의 계획을 묻자, 그는 남은 생애를 시민운동을 하면서 보내겠다고 대답했다. 한때 세계 최고의 부자였던 빌 게이츠(Bill Gates)는 2008년 53세라고 하는 이른 나이에 마이크로소프트사(MS)의 회장직에서 물러났다. 그리고 그동안 벌어놓은 많은 돈으로 그와 그의 부인의 이름을 딴 재단을 설립하여 자선사업가로 활동하고 있다. 전설적인 사회적 기업가인 존 우드(John Wood)는 30대에 마이크로소프트사의 아시아판매담당 이사가 된 전도유망한 회사원이었다. 그러던 그가 어느 날 히말라야의 네팔에 휴가를 갔다가 그곳의 아이들이 책도 없이 공부하는 것을 보고는, 회사를 그만두고 저개발국에 도서관 수만 개와 학교 수천 개를 세우는 운동을 이끌어 세계인의 이목을 끌고 있다.

이 책은 취직을 준비하는 사람들, 특히 청년 실업자 혹은 잠재적 실업자를 위해 정부나 기업이 아닌, 제3섹터에서 구할 수 있는 창조적인 직장을 탐색한 책이다. 제3섹터에서는 문화·관계·자연·영성·죽음도 훌륭한 상품으로서의 가치가 있으며 좋은 직장과 연결될 수 있다. 이를 보여주는 창조적인 직장 15개를 선별하여 새로운 직장으로서의 가능성, 이론적 배경과 원리, 취직과 창업에 필요한 자원, 직장 만들기 절차, 앞으로 커리어(career) 개발과 비전, 삶에 제공하는 신선한 의미 등을 살펴보았다. 그리고 독자들이 좀더 쉽게 접근할 수 있도록 이야기를 구성하는 스토리텔링(story telling) 방식으로 글을 전개했다. 여기에 이해를 돕기 위해 표와 그래프, 개별 직장과 관련된 사진을 첨부했다. 원래 이 책은 NGO학의 NGO창업론 강의교재로 사용하고자 집필했다. 성공회대학교 NGO학과와 NGO대학원 학생들이 이에 대해 관심을 가지고 많은 자료를 제공해주었다. 특히 이진원 학생은 책 전체를 리뷰하고 신선한 아이디어를 제시해주어 크게 도움이 되었다. 이 자리를 빌려 학생 모두에게 감사를 전한다. 이 책이 창조적인 직장을 구하고 그 속에서 의미 있는 삶을 살고자 하는 모든 사람들에게 작은 도움이 되기를 빈다.

2013년 4월
아산 배방 연구실에서

차례

NGO박물관 큐레이터
내 직장을 직접 조직한다

전라북도 도지사와의 만남

전라북도 도지사는 서울의 한 여대생으로부터 정갈한 손글씨가 인상적인 편지 한 통을 받았다. 이번이 세 번째다. 편지의 분량은 한 쪽에 지나지 않았지만 그 안에 담긴 메시지는 강렬했다. 내용인즉슨 이렇다. 전라북도의 청소년들에게 꿈을 주고, 전라북도의 산업을 일으키며, 전라북도를 세계적으로 알릴 수 있는, 전라북도의 천혜의 조건이 있음에도 그것을 활용하지 못하는 점이 아쉬워, 자기가 나서서 그 아이디어를 소개하고 싶으니, 꼭 한번 만나달라는 것이었다.

자필 편지를 세 번이나 보낸 정성을 생각하여 도지사는 일과가 끝나는 시간에 맞추어 이 여대생과 10분간 만나기로 했다. 마침 도지사실에 있던 담당 국장과 과장, 그리고 비서실 직원들이 이 여대생을 맞이했다. 대학교 4학년에 재학 중인 미선이라는 학생은 작은 차트를 들고 활기차게 도지사실로 들어섰다. 그리고 간단한 인사와 소개가 끝나자, 프레젠테이션을 시작했다. 제목은 뜻밖에도 'NGO박물관 건립의 의미와 전망'이었다. 그런데 이게 또 웬일인가? 미선 씨는 한국의 노벨과학상 수상 전망에 대한 이야기로부터 프레젠테이션을 시작했다. 그녀의 참신한 발상에 모두 귀를 쫑긋 세웠다.

미선 씨의 설명에 따르면, 몇 년 전 한국의 한 재단이 일본의 노벨물리학상 수상자 마스카와 도시히데(益川敏英)의 초청강연을 서울에서 열었다고 한다. 그런데 그 강연의 제목이 재미있다. '한국은 언제 노벨과학상을 수상할 수 있을까?' 이 제목은 노벨과학상 수상에 대한 한국인의 기대와 함께 아직도 노벨과학상을 받지 못하고 있다는 초조함을 보여주고 있기도 하다. 한국이 어떤 나라인가? 세계에서 공인된 지표만 보아도, 지능지수(IQ)가 가장 우수한 편에 속하고, 중학생 학력수준이 1~2등을 다투며, 대학진학률도 최고다. 경제로 말할 것 같으면, 철강 · 조선 · 자동차는 말할 것도 없고, 반도체 · 정보통신 · 생명과학 등 첨단기술에서도 세계 일류국가와 경쟁하고 있다. 스포츠에서도 세계 정상수준인 골프의 박세리, 야구의 박찬호, 축구의 박지성, 수영의 박태환, 피겨 스케이팅의 김연아가 있다. 어디 그뿐인가? 문화에서는 칸영화제에서 한국영화가 두각을 나타내고, 러시아와 유럽의 각종 음악 콩쿠르에서도 한국인이 선전하고 있으며, 대중음악이나 드라마의 한류열풍은 아시아를 넘어 세계로 나아가고 있다.

그런데 노벨과학상은 왜 못 받고 있는 것인가? 일본, 중국에는 노벨과학상 수상자가 여러 명 있고, 심지어 작은 나라 타이완도 20여 년 전에 노벨과학상 수상자를 배출했다. 한국은 무엇이 문제인가? 마스카와가 제시한 해법은 '돈키호테가 되어라'는 것이었다. 미선 씨도 전체적으로 이와 비슷한 해법을 제시했지만, 좀 더 구체적이었다. 한국의 어린이들은 대개 초등학교에 들어가기 전부터 음악·미술·수학·외국어 등 온갖 것을 익히고, 학교에 들어가서는 학교 공부도 모자라 밤늦도록 학원에서 공부를 한다. 심지어 선행학습까지 하는 바람에 서울 강남의 우수한 중학생 2~3학년이면 이미 고등학교 1~2학년 수학을 숙달해놓고 있다고 한다. 이 정도면 노벨과학상 수상자가 이미 여럿 나왔어야 하는데, 그렇지 못한 것은 학생들이 머리가 나빠서도, 공부를 적게 해서도 아니다. 바로 상상력 부족 탓이다. 즉, 창의력이 딸린다는 것이다.

그렇다면 어린이의 상상력과 창의력을 어떻게 키울 수 있을까? 미선 씨가 제시한 처방은 그 자체로 이미 상상력을 자극하는 창의적인 것이었다. 한마디로 요약하자면, 서울의 우수한 초등학생을 강원도 영월로 유학을 보내라는 것이다. 듣고 있던 사람들이 모두 눈을 번쩍 떴다. 왜 하필 강원도 산골 영월인가? 이유는 두 가지다. 하나는 아름다운 자연환경 때문이다. 서울의 꽉 막힌 시멘트 건물 속에서는 아무리 고등수학을 공부한다고 해도 상상력이 피어날 수 없다. 아름답고 신기한 자연은 어린이

박물관명	특징
별마로천문대	국내 최대규모인 직경 80cm 주망원경 등 11개 망원경 구비
난고김삿갓문학관	김삿갓의 생애와 관련된 유물, 문학작품 전시
단종역사관(장릉)	단종과 영월에 관련된 유물 전시
동강사진박물관	사진의 원리와 기원, 동강 일대 사진 전시
영월동굴생태관	영월의 동굴 관련 전시, 동굴 체험학습장
강원탄광문화촌	탄광 근로자 생활 체험
동강생태정보관	동강의 지형과 지질, 동강의 소리, 물고기, 새 등 전시
조선민화박물관	조선시대 진본 민화 전시
국제현대미술관	70개국 조각작품 350여 점 중 60여 점 상설 전시
묵산미술박물관	조선시대, 근현대 미술 및 서예 작품 전시, 미술체험관
영월곤충박물관	곤충 표본 전시, 살아 있는 곤충 체험
호야지리박물관	고지도, 영월 관련 고서 및 근대자료 등 지리학습 용품 전시
영월화석박물관	각 지질시대 별 화석 및 영월 지역과 관련된 화석 전시
호안다구박물관	차 관련 용품 전시, 다도 및 제다 실습 체험
쾌연재도자미술관	전통 · 전승 · 현대 도예 작품 전시
세계민속악기박물관	다양한 세계 민속악기 전시, 공연
영월아프리카미술박물관	아프리카 부족의 조각, 그림, 생활도구, 장신구 전시
영월종교미술박물관	최바오로 작가의 성화, 성상조각 작품 전시
근현대생활사박물관	20세기 근현대사를 보여주는 다양한 유물 전시
초등교육박물관	조선시대부터 현재까지 교육 관련 자료 전시
동강디지털소사이어티	디지털 기술로 구현된 전시물 상시 · 특별 전시
영월미디어기자박물관	신문, 방송 등 미디어 관련 물품 전시, 서적 열람
인도미술박물관	인도미술 전시, 인도 영화 상영, 요가 · 명상 등 체험

의 상상력과 창의력의 원천이다. 왜 서구 선진국의 학교가 아름다운 자연 속에 위치하고 있는지 되돌아보라고 했다. 갈릴레오 · 뉴턴 · 다윈 등 역사상 위대한 과학자들도 전부 자연 속에서 어린 시절을 보냈다. 다른

하나는 영월에 박물관이 23개나 있기 때문이다. 인구 4만 명 산골에 박물관이 자그마치 23개, 앞으로 100개로 확대하겠다는 계획까지 세워두고 있다고 한다. 유명한 조선민화박물관을 비롯하여 묵산미술관, 영월화석박물관, 동강사진박물관, 호야지리박물관, 영월동굴박물관, 영월곤충박물관, 초등교육박물관 등 특색 있는 박물관이 즐비하다. 게다가 박물관 마을 특구에는 생태관, 체험관, 숯가마 등 다른 볼거리도 많다.

그렇다면 이런 박물관이 노벨과학상과 무슨 관계가 있단 말인가? 그러자 미선 씨가 힘주어 말했다. 과거를 저장하고 있는 박물관은 어린이들에게 미래에 대한 상상력을 제공하는 대표적인 교육장소이다. 이는 많은 교육자들이 이구동성으로 주장하는 말이다. 물론 고리타분하게 박물관을 단순한 유물 진열장으로 만들어서는 안 된다. 마음껏 즐기고 체험하여 지혜를 얻을 수 있도록 상상력을 자극하는 창의적 기법으로 만들어야 한다. 현재 영월의 박물관이 그렇게 되어 있다고 한다.

그렇다면 왜 전주에 NGO박물관이 있어야 할까? 그녀의 열정적인 설명이 계속되었다. 세상에는 온갖 박물관이 있다. 영국의 대영박물관, 프랑스의 루브르박물관, 미국의 메트로폴리탄미술관은 누구나 알고 있다. 또한 일본에는 브리키(양철)장난감박물관이 있고, 중국에는 부녀아동박물관이 있다. 한국에만 해도 2013년 현재 600여 개의 박물관이 있다. 철도박물관, 성(性)박물관, 김치박물관, 허브박물관, 한옥박물관, 초콜릿박물관 등 끝이 없다. 전 세계적으로는 최소한 박물관 수만 개가 있을 것이다. 그러나 NGO박물관은 아직 없다. 전라북도가 만든다면 세계 최초다. 원조가 되는 것이다.

박물관의 구성 방식

NGO(nongovernmental organization)란 시민단체를 말하는데, NGO가 박물관이 될 수 있을까? 한 직원이 질문을 던졌다. 그러자 자신만만한 미선 씨의 대답이 돌아왔다. 지금이 어떤 세상인가? 그야말로 300여 년 동안 세계를 규정했던 근대문명이 한계를 드러내고 후근대(post-modern)문명으로 넘어가고 있다. 기존의 인식론, 즉 고정관념에서 벗어나야 한다. 21세기는 문화의 시대다. NGO의 활동, 시민운동이야말로 인간이 일상을 살아가는 생활세계의 각종 이슈를 문화양식으로 재구성한 것이다. 자율적 결사체가 활동하는 시민사회는 다양성과 창의성을 존중하는 후근대 문명을 대표하는 것으로서, 현대인의 실존과 밀접한 관련이 있다. NGO 박물관은 단순한 유물전시장이 아니다. 민주주의·공동체문화·자연 보호·봉사활동·예술활동·국제협력·세계시민정신·대안사회·영성실현 등 무수한 가치를 담아낼 수 있는 곳이다. 예를 들어, 부안 새만금 갯벌을 보존하기 위해 서울까지 320km를 삼보일배를 하면서 걸어간 시민운동도 NGO박물관의 아주 좋은 자료가 될 수 있다.

좀더 현실적인 질문이 나왔다. 아무래도 비용 면에서 비효율적이지 않을까? 산출보다 투입이 더 클 수 있다는 지적이다. 미선 씨가 즉각 대응

새만금 갯벌 보존 삼보일배 정부의 새만금개발에 반대하고 갯벌을 보존하기 위해 종교의 차이를 넘어 각계의 성직자들이 전라북도 부안에서 서울 청와대 앞까지 320km를 삼보일배로 가는 시민운동을 전개했다. 이를 가까이서 지켜본 사람들은 그 엄숙함에 말문이 막혔다고 한다(사진 자료: 에너지정의행동).

했다. 영월군청이 발표한 자료에 따르면, 인구 4만 명인 산골 영월에서 2011년 박물관 관광객이 150만 명, 그중 외국인 관광객이 2만 명, 박물관 관련 수입이 1,000억 원을 넘었다고 한다. 모두 눈이 휘둥그레졌다. 동시에 미선 씨의 목소리가 한 옥타브 올라갔다. 그것도 매년 기하급수적으로 늘고 있다! 이미 이 산골에서 각종 학술회의와 다양한 국제회의가 열리고 있다고 한다.

　NGO박물관은 성격상 입장료를 기부금 모금 방식으로 받을 수도 있다. NGO활동이라는 것이 영리를 추구하지 않는 공익활동이기 때문이다. 그래서 입장료를 1,000원에서 10만 원까지 자유롭게 하여 기부하고 싶은 방문객에게는 그럴 수 있는 기회를 주는 것이다. 물론 의식 있는 기

업가나 전문직 종사자를 대상으로 따로 기부를 위한 적극적인 마케팅을
할 수도 있다.

물론 NGO박물관이 연기도 나지 않고 소리도 나지 않는 산업이 되고
어린이를 위한 좋은 교육장이 되기 위해서는, 박물관을 독특하게 꾸며야
한다. 우선 박물관이 유물 보관장소라는 인식에서 벗어나야 한다. 단지
과거의 케케묵은 물건들을 모아놓은 곳이어서는 안 된다는 것이다. 그러
므로 시민사회, 시민운동, 시민단체와 관련된 물건이나 문헌 외에도 사
진, 비디오, 모형물 등을 비치해야 한다. 또한 그 속에는 각 주제를 서사로
만든 스토리(story)가 있어야 한다. 나아가 방문객이 자신의 의견을 표출
하고, 주제를 두고 서로 토론하며, 자신의 삶과 공동체의 미래를 체험할
수 있는 공간으로 만들어야 한다. 이렇게 되면 박물관을 찾는 사람들이
그곳에서 민주주의의 원리를 익히고, 자연의 소중함을 깨달으며, 지구
적 연대의 필요성을 자각할 수 있다. 예를 들어, 공동체의 중요성에 대한
스토리를 들은 청소년들을 위해 박물관 한편에 봉사활동 체험 공간을 마
련한다. 아프리카에서 기아로 죽어가는 아이들의 모습을 담은 비디오를
본 어린이들을 위해 자발적인 기부금을 받거나 저금통을 나누어준다. 환
경보호에 대한 메시지를 던져주는 사진을 본 사람들을 위해서는 검소한
삶의 중요성을 깨닫게 해주는 재활용기술 체험 공간을 마련한다.

NGO박물관은 여기에서 끝나지 않는다. NGO박물관에는 시민운동
과 관련된 세계의 많은 자료와 스토리가 구비될 것이다. 그 덕분에 방문
객들은 몽골에서 사막화를 막기 위해 나무를 심는 회사원, 캄보디아에서

우물을 파기 위해 땀을 흘리는 대학생, 가나에서 재해를 당한 사람들을 지원하는 구호단체 회원의 사진을 보고 이야기를 들으면서 자신의 삶을 되돌아보고 의미 있는 삶을 설계할 수 있게 된다. 각종 장애인을 위한 시설도 세심하게 구비해야 한다. 청각장애인은 시각 자료를 보고, 시각장애인은 이야기를 들으며, 지체장애인도 자원봉사자의 도움을 받아 각종 체험에 참여할 수 있게 한다. 물론 외국인 방문객을 위한 통역도 지원한다. 그런가 하면 NGO박물관은 교류·교육·소통·문화행사의 공간도 될 수 있다. 자연식품 발효법, 천연염색법, 유기농법 등을 배울 수 있고, 유기농산물, 환경친화적 상품, 재생품, 공정무역 거래상품 등을 구입할 수도 있다. 인권·환경·평화·양성평등·소수자권리·다문화·국제협력·대안사회 등과 관련된 연극·영화가 상영되는가 하면, 각종 전시회, 유명인사의 강연회, 국제적 세미나도 열린다. 그야말로 시민사회적 가치와 관련된 모든 것을 이곳에서 만날 수 있다.

그뿐만이 아니다. 박물관 안에는 민주주의, 자연환경, 소수자, 자원봉사, 국제협력, 예술활동, 영적 수련, 지역화폐, 생활협동조합, 사회적 기업 등 NGO활동과 관련된 도서관이 들어설 예정이다. 그래서 이 분야를 공부하거나 자료를 구하려는 사람들이 끊임없이 방문하여 자료를 구입하고 다양한 세미나도 열 수 있게 된다. 그리고 명상이나 요가를 위한 교육과 체험의 장도 마련된다. 또한 한국의 민주주의·인권발달·여성권리·환경운동·국제원조 등과 관련된 역사관도 만들어질 것이다. 여기에 지방자치관을 별도로 만들면 전라북도청과 전라북도의 14개 기초자

뉴욕의 록펠러센터 뉴욕 시가지를 한 눈에 내려다볼 수 있는 전망뿐만 아니라, 내부에 다양한 편의시설, 문화시설을 갖추고 있어서 연간 1,000만 명이 방문하는 명소이다.

치단체의 각종 정책을 직접 설명하고, 정기적으로 도지사 · 시장 · 군수 등 자치단체의 장(長)과 시민과의 만남도 기획할 수 있다.

미국 뉴욕의 중심 맨해튼에 록펠러센터(Rockefeller Center)가 있다. 존 록펠러(John Davison Rockefeller)가 사회에 환원한 기부금으로 1930년대에 지은 건물이다. 그런데 요즘도 연간 1,000만 명이 이 센터를 방문한다고 한다. 단순한 비영리재단의 건물이라면 그렇게 많은 사람들이 올 리가 없다. 록펠러센터 속에는 시민의 편의와 놀이를 위한 각종 시설이 들어서 있다. 병원 · 교회 · 학교는 말할 것도 없고, 아이스링크 · 레고장난감가게 · 미술관 등 많은 것들이 있다. 사람들을 끌어들이는 것은 생활의 필수품과 관련되거나 휴식 · 음식 · 놀이 · 신기함을 주는 것이다. 특히 현대사회에서는 문화적 욕구를 채워주는 것이 중요하다. NGO박물관도 이런 일종의 문화기관이 될 수 있다는 것이다.

NGO박물관장의 꿈을 향하여

10분으로 예상했던 만남은 1시간이 넘도록 이어졌다. 도지사는 저녁 식사 약속도 잊은 채 불현듯 나타난 한 청년의 이야기에 빠져들었다. 그리고 계속 질문을 던졌다. 도대체 전라북도가 NGO박물관과 무슨 연관이 있어서? 미선 씨에게는 준비된 답변이 있었다.

한국 시민사회는 짧은 역사에도 아시아에서 가장 역동적인 시민운동을 전개하고 있다. 1987년 6월항쟁 이후 국가와 기업의 권력을 감시하고 견제하는 주창활동(advocacy)에서 시작된 시민운동은, 상담·교육·봉사 활동 등 서비스를 생산하는 활동으로 확산되었다. 지금은 국제협력과 대안사회(소공동체, 공정무역, 지역화폐, 생협, 명상, 요가)와 관련된 활동도 활발해지고 있다. 그런데 전라북도는 한국에서 인구대비 NGO가 가장 많은 곳이다. 2012년 판 『한국민간단체총람』에 의하면, 전라북도에는 NGO가 830여 개나 있다. 그런가 하면 전라북도는 전통과 근대, 도시와 농촌, 농부와 예술가, 바다와 육지, 산과 들이 이상적으로 조화를 이루고 있다. 그러므로 NGO박물관이 들어서기에 적합하다. 더군다나 새만금 개발의 역사가 역설적으로 NGO박물관과 결합될 수도 있다.

NGO박물관을 건립한다고 전라북도가 세계적인 지역이 될 수 있을까? 전라북도에 NGO박물관을 건립한다면 그것은 세계에서 하나밖에 없는 것이기 때문에 한국에 오는 외국인 관광객에게 홍보할 만하다. 이로써 전라북도는 세계무대에 등장할 수 있다.

계속해서 미선 씨의 제안이 쏟아져 나왔다. NGO박물관에는 다른 시너지 효과도 있다. 단지 NGO박물관만 건립하는 것이 아니라, 이를 계기로 전라북도를 새로운 지방자치모델로 만들어보자는 것이다. 우선 전라북도 14개 기초자치단체에 NGO센터를 건립한다. 여기에 각종 NGO들이 상주하면서 토론회를 열고 연대체를 구성한다. 그리고 국내뿐만 아니라 국제적인 네트워크를 구축한다. 시민들이 참여하는 예산제도를 통해 직접민주주의도 실험해본다. 이를 통해 지방정부와 NGO 사이에 다양한 파트너십이 이루어진다. 그야말로 주민이 자치의 주인이 되는 로컬거버넌스(local governance)가 활발하게 실행되는 것이다. 거버넌스를 통해 지역복지공동체를 구축하고, 지방의 전통이나 문화재를 공동으로 조사하고 보존하며, 각종 협동조합을 활성화하여 농산물의 판로를 개척할 수 있다.

이와 함께 전라북도를 NGO의 이념에 맞게 인간적이고 환경친화적인 도시로 만드는 프로젝트도 기획할 수 있다. 먼저 도시의 건물·주택·가로수·간판 등을 만들 때 심미적 방법을 도입한다. 그리고 도시 곳곳에 공원과 호수를 만들고 시민단체가 관리하도록 한다. 전기자동차의 비중을 높여 공기가 깨끗한 도시로 만든다. 일회용품 사용을 규제하고 식당에서는 음식을 남기지 않는 것을 원칙으로 한다. 그리고 시장에서는 유기농산물이나 환경친화적인 농산물을 판매한다. 학교에서는 현대문명에 어울리는 지식을 가르칠 뿐만 아니라, 공익정신·봉사정신·협력정신 등을 강조하는 시민교육이 이루어진다. 깨어 있는 시민은 민주주의의 초석이므로 이를 위해 민주시민교육을 학교와 학교 밖 NGO센터, 주민회관, 백화점, 공공기관 등에서 활발하게 진행한다. 각종 전통기관에서는 청소년의 예절교육이나 인성교육도 진행한다. 이렇게만 된다면 전국에서는 물론 세계의 지식인과 학생들이 전라북도를 배우러 오지 않을 리 없다.

아름다운 사회를 만들기 위한 봉사활동도 활발하게 전개할 수 있다. 예를 들어, 사회적 규약이나 합의를 통해 전라북도민은 남녀노소 할 것 없이 매년 쓰레기 두 봉지를 줍도록 하는 미풍양속을 만드는 것이다. 매년 봄에 어른이 아이의 손을 잡고 지방자치단체가 제공한 노란색 봉지(일반쓰레기)와 파란색 봉지(재활용쓰레기)를 들고 나와 도로에 버려진 쓰레기를 줍는다. 그리고 지방정부의 쓰레기차가 싣고 가도록 도로변에 봉지를 올려놓는다. 매년 봄기운이 기지개를 펴는 3월 말쯤이면 전라북도의 전지역 도로가에는 노란색 봉지와 파란색 봉지가 물결을 이룰 것이다. 심지어 이것을 사진작품으로 찍어두려는 사진작가들이 헬기를 타고 전라북도로 날아올 정도가 될지도 모른다.

이렇게 시민이 공공정책에 관심을 보이면서 민주주의를 만들어간다고 하더라도 문화가 빈약하고 놀이가 없다면 건조한 삶이 되어 버린다. 그래서 전라북도 곳곳에서는 일 년 열두 달 축제가 이어지게 한다. 물론 지방정부가 기획하고 시민이 수동적으로 참여하는 방식이 아니다. 거버넌스 모델에 따라 시민은 축제의 주체자로서 기획가인 동시에 관객이 된다. 이를 테면 추수가 끝나면 동네마다 농악놀이가 행해지고, 고적대가

고창 고인돌박물관의 본관 전경 세계적으로 유명한 여행 안내서인 '미슐랭 가이드'에서, 2011년 판부터 한국편을 제작하기 시작했다. 여기에서 고창 고인돌박물관은 '찾고 싶은 한국여행지' 중 최고 점수를 받았다(사진 자료: 돌봄여행사).

도시를 행진한다. 아이들의 사생대회가 계절마다 열리고, 겨울밤에는 곳곳에서 시 낭송회가 울려 퍼진다. 명절의 각종 전통 놀이도 되살아난다. 리우 카니발로 유명한 브라질 사람들이 공연히 일과를 제쳐놓고 삼바를 추면서 놀겠는가? 중생소유락(衆生所遊樂), 그것은 삶의 근원인 것이다.

시민사회 혹은 NGO의 이념에 따라 전라북도를 새로운 지방자치모델로 구성하고, 이에 대한 내용을 스토리로 만들어 NGO박물관에 전시한다. 그러면 전라북도의 NGO · 민주주의 · 교육 · 문화 · 도시경관, 나아가 전라북도민의 생활을 구경하기 위해 전국은 물론이고 세계 각국에서 사람들이 몰려올 것이다. 그렇게 된다면 프랑스의 유명한 여행 안내서, '미슐랭 가이드(Michelin Guide)'에 전라북도의 문화가 표지에 실릴 것이다. 이렇게 NGO박물관에서 시작한 전라북도 모델은 블루오션(blue ocean), 그것도 딥블루오션(deep blue ocean)이 될 수 있다.

서울에서 내려온, 고향이 전라북도라는 한 여대생의 발표는 이것으로 일단락되었다. 전라북도가 NGO박물관 건립의 후보지로서 최적의 조건을 갖추고 있다! NGO박물관은 역동적인 박물관이 되어 전라북도의 이미지를 고양하고 관광·교육·지식산업의 근간이 될 수 있다! 더구나 NGO박물관에는 전라북도를 세계에 내놓을 만한 지방자치 모델로 발전시킬 수 있는 시너지 효과도 있다!

도지사와 직원들은 식당으로 자리를 옮겨 저녁 식사를 하면서 미선 씨가 여담으로 건넨 이야기조차 그냥 흘려보낼 수 없었다. NGO박물관이 만들어지면 전라북도에서 천재가 많이 나오게 될 것이라고 한다. 일본의 유명한 수학자 후지와라 마사히코(藤原正彦)는 천재가 태어나기 위해서는 무릎을 꿇게 하는 존재, 정신적인 것을 존경하는 풍토, 아름다운 미적 환경의 세 가지 조건이 필요하다고 역설했다. 2003년 목사와 신부, 스님과 교무 등 각 종교의 성직자들이 새만금 갯벌 보존이라는 대의(大義)를 위해 오뉴월 뙤약볕 아래, 부안에서 서울까지 320km를 삼보일배로 가는 시민운동을 전개했다. 이를 지켜본 사람들은 말문이 닫혔다. 고귀한 목적을 위해 엄청난 육체적 고통을 감수하는 행동에 대한 경외감 때문이었으리라. 이 운동의 근거지가 바로 전라북도이다.

새만금 갯벌 보존 삼보일배 시민운동을 다큐멘터리, 스토리로 작품화하여 청소년에게 보여주고 환경보호를 위한 체험행사로 만든다면, 이는 훌륭한 교육이 된다. 후지와라의 지적처럼, 만물의 영장이라고 하는 인간에게 무릎을 꿇을 만한 존재가 있다는 것은 인간의 무한한 정신과 잠재력을 계발하는 데 매우 중요하다. 이는 청소년뿐만 아니라 어른에게도 인간의 잠재된 정신적 힘을 불러일으키는 자극제가 된다. 한국의 노동운동가가 홍콩의 거리에서 삼보일배를 했을 때, 홍콩 시민들이 한편으로는 신기해하면서도 다른 한편으로는 엄숙한 마음으로 삼보일배를 지켜보았던 것도 이 때문이다. 비록 짧은 시간 동안 체험하더라도 상당한 육체적 고통을 동반하는 삼보일배 체험행사는 그 어떤 것보다 뛰어난 교육 프로그램이 될 수 있다. 그 교육 프로그램 자체로 고유한 브랜드의 관광 명품이 될 수도 있다.

도지사는 내부 조정을 거쳐 전라북도에 NGO박물관을 만드는 쪽으로 마음을 굳혔다. 그 덕분에 미선 씨는 전라북도청이 NGO박물관 건립을 위해 구성한 태스크포스(task force) 팀에 합류하게 되었다. NGO박물관의 건립도 그 성격상 정부·시민사회·기업이 함께 참여하는 거버넌스 모델을 따르는데, 그 위원회에서 간사를 맡게 된 것이다. 그녀는 곧 탄생할 신생 NGO박물관의 큐레이터(curator)가 될 예정이다. 그리고 내년에는 NGO대학원이나 문화대학원에도 진학할 계획이다. 미선 씨의 꿈인, 30대 NGO박물관장을 향한 가슴 벅찬 장정이 시작되었다.

2

국제원조 코디네이터

의미 있는 삶을 살고 싶다

실존의 위기

승원 씨는 20년 동안 회사원으로서 치열하게 살아왔다. 그는 대학 졸업 후 높은 경쟁률을 뚫고 일류 회사에 취직했고, 누구보다 빨리 승진하여 40대 초반에 이사가 되었다. 주위 사람들은 모두 그를 부러워했지만, 정작 그 자신은 심각한 고민에 빠졌다. 그의 고민은 기업 임원으로서의 실직에 대한 불안감이 아니었다. 첨단정보산업 분야의 전문기술을 보유한 그는 불경기가 오더라도 회사에서 퇴출될 가능성이 거의 없었다. 그리고 승원 씨는 조직을 통솔하는 간부이고 기술개발을 담당했기 때문에 업무 스트레스도 그리 크지 않았다. 그의 고민은 다람쥐 쳇바퀴처럼 되풀이되는 일상 속에서 삶의 의미가 상실되어 버린 것이었다. 그야말로 실존의 위기가 닥친 것이다.

대기업의 임원으로서 그는 상당한 권력을 누리고 높은 소득을 보장받고 있었다. 그는 10여 명에 달하는 직속 부하직원을 거느리고 있었고, 기업의 위계조직에서 그의 지시는 곧 명령과 다름없었다. 인사에서도 재량권이 많았다. 또한 그는 상당한 연봉 외에도 자녀교육비, 판공비, 승용차 등을 지원받고 있었다. 그래서 결혼 후 전세로 시작했던 그는 작은 아파트를 거쳐 중형 아파트로 옮겨 탄 후, 지금은 10억 원이 넘는 대형 아파트에서 살고 있다. 가족과 외식도 자주 하고, 일 년에 몇 번 가족여행도 간다. 해외여행도 일 년에 최소한 두 번은 간다. 회사에서든, 집에서든, 그는 큰 걱정이 없었다. 일단은 안정된 직장과 높은 소득이 일상의 평안을 보장해주고 있는 것이다.

그런데 이런 안정과 여유 속에 문제가 도사리고 있었다. 승원 씨는 회사에서 평사원으로 시작하여 대리, 과장, 차장을 거쳐 부장으로 고속 승진했다. 그가 동기들 중에서 가장 먼저 차장이 되고 부장이 되었을 때 느꼈던 승리감은 지금도 또렷하다. 마침내 이사가 되었을 때, 그는 세상의 주인이 된 것 같았다. 결혼 후 처음으로 자신의 아파트를 계약하던 당시의 기쁨도 아직 생생하다. 이후 중형 아파트를 거쳐 결국 대형 아파트를 샀을 때의 감격스러운 순간도 잊히지 않는다. 그런데 시간이 지나고 보니 일반 사원이었던 시절보다 간부가 된 지금이 더 행복하게 느껴지지 않았다. 마찬가지로 네 식구가 작은 아파트에서 생활하던 시절에 비하면

<표 2-1> 2010년 행복한 국가 순위

순위	국가	순위	국가
1위	덴마크	14위	미국
2위	핀란드	50위	그리스
3위	노르웨이	54위	코소보
4위	스웨덴	56위	한국
	네덜란드	81위	일본
6위	코스타리카	125위	중국
	뉴질랜드	155위	토고

한국은 삶의 만족도에서 경제위기를 겪고 있는 그리스와 내전을 겪은 코소보보다 순위가 낮다(자료: 갤럽).

지금의 집은 대궐 같다고 할 수 있지만, 행복감에서는 크게 차이가 없었다. 처음 고급 레스토랑에서 가족과 외식했을 때는 마치 귀족의 일원이 된 것 같았지만, 이제는 외식을 한다고 해서 무슨 특별한 느낌이 오지 않는다. 여행을 시작할 때는 언제나 가슴이 두근거리지만, 그것도 시간이 지나면 식상해진다. 한마디로 생활 속에 감동이 없어진 것이다.

승원 씨는 우연히 스위스의 유명한 정신분석가, 카를 융(Carl Gustav Jung)의 저서를 읽다가 지금 자신이 겪고 있는 변화가 자연스러운 현상이라는 것을 알았다. 융은 대부분의 인간이 40대에 접어들면 성격발달에서 격변을 겪는다고 지적했다. 그 변화의 핵심은 자아(ego)의 울타리에서 더 이상 삶의 의미를 발견하지 못한다는 것이다. 즉, 개인의 지위를 높이고 부(富)를 축적하는 행위로써는 더 이상 행복해지지 않는다는 것이다. 융은 행복해지기 위해서는 자기(self)를 실현해야 하고, 이를 위해서는 자아를 넘어 우주적인 자기로 변화해야 한다고 주장했다. 이는 곧 인간정신의 원형을 찾아 그 본질을 일상 속에서 실현하는 것이다. 큰 집을 산다고 하더라도 왜 그런 집을 샀고, 여행을 간다면 그것이 자기실현에 어떤 의미가 있는가를 반문하고 그에 대한 해답을 구해야 한다는 것이다. 이렇게 자기실현으로 나아가는 삶을 살면, 그동안 육체적 자아에 매몰되어 방치되고 무시되었던 정신·타자·자연이 삶의 중요한 요소로 다가오게 된다고 했다.

승원 씨는 자신이 겪고 있는 방황이 지극히 정상인의 모습이며, 새로운 전진을 위한 중요한 터 닦기 과정임을 알게 되었다. 이러한 방황은 30대의 저돌적인 추진력과 강한 승부욕으로는 발견할 수 없는 것이었다. 40대 중반을 넘고 나서야 비로소 얻은 삶에 대한 통찰력과 혜안으로 발견해낸 것이었다. 그는 많은 고민과 깊은 사색 끝에 결단을 내렸다. 그가 회사에 사표를 내자 주위 사람들은 깜짝 놀랐다. 회사에서는 사표를 수리하지 않겠다고 버텼고 아내도 가족의 앞날을 걱정하며 반대했지만, 그의 마음은 이미 회사를 떠나 있었다. 그의 결심은 돌이킬 수 없을 정도로 확고했다.

아프리카에서의 봉사활동

승원 씨가 40대 후반에 과감하게 전도유망한 직장을 그만두고 새로운 삶을 살겠다고 결심한 것은, 지난해 아프리카에서의 봉사활동 경험이 커다란 계기였다. 그는 오래전부터 월드비전(World Vision)이라는 NGO가 진행하는 아동결연 프로그램의 회원이었다. 그 프로그램은 아프리카를 비롯한 저개발국 아동을 지원하는 일종의 국제원조 프로그램으로, 매달 3만 원을 내고 저개발국 어린이 한 명의 대리부모가 되는 것이다. 그는 그의 지원을 받는 아프리카 어린이들로부터 몇 번 편지를 받기도 했다. 지난해에는 단체에서 마련한 현장방문 및 봉사활동 프로그램에 참여하면서 직접 말라위를 방문할 수 있었다.

말라위에는 승원 씨의 딸 둘과 아들 하나가 있다. 그는 아이들에게 필요한 선물을 한 가방 들고 동료들과 함께 아프리카 동남부에 위치한 말라위로 향했다. 말라위의 수도 릴롱궤에서 항구 도시 치포카로 이동하는 버스 차창 밖으로 늘어선 이국적인 풍경이 그의 눈길을 끌었고, 치포카에서 차를 빌려 타고 목적지로 가는 꾸불꾸불한 시골길은 서정적이었다. 치포카에서 다시 차로 두 시간 정도 달려 도착한 곳은, 거리에 흙먼지가 날리고 초라한 집들이 늘어선 작은 마을이었다. 하지만 그는 그곳에서 형언할 수 없는 감동을 느꼈다. 일행이 도착하자 쭉 늘어선 마을 사람들이 부르는 환영의 노래, 그들이 야생 꽃과 풀잎으로 엮어서 머리에 씌워준 꽃다발, 가난하지만 어질어 보이는 촌장과 마을 사람들의 얼굴, 부끄러워하면서도 못내 반가워하는 아이들의 영롱한 눈망울, 신발·티셔츠·학용품·축구공·초콜릿 등 선물을 받아들고 기뻐하는 아이들과 가슴에 손을 얹고 감사를 표하는 아이 엄마들의 순박한 모습, 그 어느 것도 그가 이제까지 한

말라위의 어린이들 대부분의 말라위 어린이들은 신발을 신지 않고 다니며, 생활
필수품의 상당 부분을 외부지원에 의존하고 있다. 따라서 선진국의 지원은 생활유
지를 위해 매우 중요하다.

국에서 경험하지 못한 진한 감동이었다.

그는 아동결연 프로그램에 매달 9만 원을 기부해왔다. 그가 기부하는
돈이 어떤 역할을 하는지 단체로부터 미리 들어서 어느 정도 알고 있었지
만, 직접 현장을 둘러보고 나서 그 가치를 뼈저리게 실감했다. 그가 내는
3만 원으로 아프리카 어린이 한 명이 한 달 동안 굶지 않고 밥을 먹을 수
있는 음식비, 학교에 다닐 수 있는 교육비, 간단한 질병을 치료할 수 있는
의료비를 충당할 수 있었다. 외부로부터 지원을 받지 않으면 그곳의 어
린이는 자주 밥을 굶어야 하고, 돈이 없어 학교에 갈 수 없으며, 흔한 아스

피린이 없어서 다친 다리가 썩어 들어가는 고통과 비참을 겪어야만 한다. 한국에서 가족의 한 끼 외식비밖에 되지 않는 돈이 아프리카에서는 어린이 세 명의 생명을 구하고 생활을 지탱하고 있었던 것이다. 배우고자 하는 아이에게 배움의 길을 열어주는 것, 배고픈 사람의 허기를 채워주는 것, 병든 사람의 생명을 구하는 것. 인간사에 이보다 더 위대하고 성스러운 일이 어디 있단 말인가! 그는 가슴이 벅차오르는 것을 누를 수가 없었다.

승원 씨 일행은 봉사활동의 일환으로 월드비전에서 준비한 장비를 이용해 마을에 우물을 팠다. 한국에서는 수도꼭지를 틀면 늘 물이 쏟아지고, 슈퍼마켓에 가면 언제든지 식수를 살 수 있다. 물은 생명을 유지하는 데 꼭 필요한 것이다. 그러나 아프리카에서는 물을 구하기가 너무 어려웠다. 그래서 아이들은 학교 가는 것을 제쳐놓고 항상 물을 긷는 노동을 해야 했다. 가뭄이 심한 경우에는 물 한 동이를 긷기 위해 뙤약볕 아래 수 킬로미터를 맨발로 걸어가야만 했다. 그렇게 길어온 물도 깨끗하지 않아 아이들은 각종 수인성 질병에 그대로 노출되어 있었다. 그래서 한국에서 온 일행이 우물을 파고 펌프질한 황토 속에서 하얀 물이 솟아오르자, 마을 사람들은 세상에 기적이 일어났다고 감탄했고, 너무 기쁜 나머지 물을 뒤집어쓰고 춤을 추었다. 그것을 바라보던 승원 씨도 감동에 북받쳐 가슴속에서 뜨거운 눈물을 쏟아냈다.

황혼 녘 마을 사람들과 함께했던 잔디밭 산책, 캠프파이어 앞에서 함께 부른 아프리카 민요, 재롱떠는 아이들의 장기자랑, 선물 받은 신발을 신고 함께 운동장에서 벌였던 축구경기, 그리고 손짓 발짓을 섞어가며 서로 어눌한 영어로 의사소통하던 시간들. 말라위를 떠나던 날 그들이 귀한 손님에게 주는 선물이라며 전해준, 자잘하고 말라빠진, 하지만 정성 어린 땅콩 한 봉지, 그리고 헤어짐이 못내 아쉬워 눈물을 흘리던 아이들을 껴안고 함께 울어 버린 가슴 뭉클한 순간들. 말라위의 사람들은 승원 씨의 일행에게 어떻게 감사를 표시할 것인가 내내 고심했지만, 그들이 받은 것은 그야말로 한 나라의 대통령이나 국가원수가 받을 수 있는 국빈 대접에 조금도 뒤떨어지지 않았다. 말라위의 사람들은 승원 씨의 일행이 나눠준 사랑에 감사한다고 허리를 굽혔지만, 정작 소중한 것을 깨닫고 많은 것을 얻은 쪽은 오히려 우리 일행이라는 생각이 승원 씨의 뇌리를 가득 채웠다.

승원 씨는 돌아오는 비행기 안에서 월드비전 간사로부터 미국과 유럽의 서구 선진국에서는 아프리카와 같은 저개발국 원조활동이 활발하다는 설명을 들었다. 그래서 피자 한 판 먹을 돈으로 모기장을 사고, 아이스크림 하나를 살 돈으로 털모자를 사서 아프리카로 보내는 시민운동이 활발하다는 것이다. 모기장은 말라리아로부터 어린이를 보호하고, 털모자는 아픈 유아의 체온을 유지하여 생명을 구해준다고 했다. 그러니까 우리가 아낀 피자 한 판이, 아이스크림 한 개가 때로는 소중한 생명을 구하는 것이다. 그는 말라위를 방문하고 돌아오면서 자신의 인생관에 커다란 이정표를 하나 세웠다. 그것은 바로 인간이 출세를 하고 돈을 버는 것은 궁극적으로 생존의 기로에 서 있는 사람들을 돕기 위한 것이어야 한다는 다짐이었다.

신부님과의 약속

승원 씨는 마침내 국제원조 코디네이터로서 발걸음을 내딛었다. 국제
원조 코디네이터로 활동하려면 정부 산하기관인 한국국제협력단(KOICA)
에 들어가거나 민간 NGO에 취직하면 된다. 그러나 50세를 앞둔 승원 씨
에게 취직은 어려운 일이었다. 그는 기업에서 근무한 경력, 다양한 봉사
활동의 경험, 그리고 시민운동에 대한 독서를 통해 얻은 지식을 이용하
여 직접 국제원조 NGO를 하나 창립하기로 했다. 그래서 인터넷을 활용
하고 시민단체를 찾아다니며 정보를 수집했다. 그리고 보건복지부에서
실시하는 은퇴자 인력개발교육 프로그램에 참여하여 시민사회 · NGO
에 대한 무료교육을 몇 주간 받았다. 싱크탱크형 NGO인 희망제작소에
서 실시하는 해피시니어(Happy Senior) 프로그램에도 참여하여 한 달 동안
시민사회 적응교육도 받았다. 그 덕분에 국제원조활동에 관한 시민운동
과 시민단체 구성 및 운영에 대해서는 어느 정도 알게 되었다. 문제는 재
정이었다. 국제원조활동은 일단 국내에서 지속적인 수입을 확보해야 한
다. 시민운동 교육과정에서 모금기술에 대해서도 배웠지만, 기부금을
모으는 것은 간단한 일이 아니었다.

여러 날 고심을 거듭한 끝에 그는 좋은 아이디어 하나를 찾아냈다. 그
는 신도 수가 1만 명에 가까운 대형 성당에 다니고 있었다. 이 신도들을
회원으로 하는 NGO를 만드는 것이다. 실제로 한국 국제원조 NGO의 절
반 정도가 종교단체의 지원을 받거나 종교단체에서 운영하고 있다. 종교

라는 것이 원래 인간구원을 위해 생겨난 것인데, 그 구원은 사후(死後)세계에만 적용되는 것이 아니다. 지금 살고 있는 세상을 구원하지 못하는 종교는 사후세계도 구원할 수 없는 것이다. 그는 신부님을 만나 자신의 구상을 밝히고 도움을 요청했다. 신도 1만 명이 성당에 내는 헌금 외에 한 달에 평균 1,000원 정도의 기부금만 받으면 NGO의 운영이 가능하다고 보았다. 그리고 1년에 몇 번 봉사활동을 조직하고, 각종 중고물품을 기부 받으면 충분하다.

　신부님은 다행히 승원 씨의 제안을 흔쾌히 수락해주었고, 앞장서서 성당의 운영위원들을 설득해주었다. 이렇게 성당의 지원을 받는 국제원조 NGO가 생겨났다. 이제 어디에서 활동할 것인가를 결정해야 했다. 처음에 그는 아프리카를 생각했으나 초보자로서는 아무래도 무리라는 생각이 들어 가까이 있는 아시아 국가로 방향을 돌렸다. 같은 대륙인 아시아에도 아프리카 못지않게 빈곤과 질병으로 고통을 당하는 나라가 많다. 아시아의 저개발국이라고 하면 가장 먼저 떠오르는 곳이 베트남이다. 한국은 수천 년의 역사 속에서 무수한 외침을 받아왔다. 그런데 반대로 한국이 다른 나라를 침략한 경우도 있는데, 그중 가장 대표적인 사례가 바로 베트남전이다. 그런 만큼 한국인은 베트남에 많은 빚을 지고 있다. 그 빚은 베트남 사람들의 뇌리에 생생한 기억으로 남아 있다. 전쟁에서 아버지를 잃은 가족들, 그리고 신체장애를 당한 상이군경과 고엽제 후유증을 앓는 퇴역군인들이 살아 있는 증거이다. 한편 수만 명으로 추정되는 라이따이한 문제도 간단하지 않다. 그들은 베트남 내에서 차별과 냉대의

〈표 2-2〉 한국의 주요 국제원조 NGO

단체명	주요활동
가나안농군운동세계본부	교육사업, 농업기술 교육센터 건립
국제개발협회	어린이교육, 문맹퇴치
국제아동돕기연합	아동후원, 결연후원
국제의료협력단	안과수술, 조산사양육, 의료인교육, 지역개발
굿피플	의료보건, 지역개발, 교육, 긴급구호사업
기쁜우리월드	보장구 기증, 아동후원
다일복지재단	아동보육, 무료급식, 교육, 의료
로터스월드	식수, 아동보육, 의료서비스
비전케어	의료보건
세이브더칠드런코리아	의료, 교육
아시아협력기구	친선병원, 이동진료, 학교건축
아프리카 어린이 돕는 모임	아동교육, 보건의료, 장애인 재활, 지역개발
어린이재단	아동지원, 장애아 수술
월드비전	지역개발, 긴급구호, 아동지원, 선교
월드투게더	의료지원, 지역개발, 교육, 아동복지, 긴급구호
유니세프 한국위원회	기금모금, 긴급구호, 보건영양, 식수위생, 아동보호
이웃을돕는사람들	네팔 공동체 개발 및 구호사업
지구촌나눔운동	교육, 지역개발, 조사연구, 정책제언
코피온	자원봉사파견, 개발도상국NGO지원, 지구시민교육
푸른아시아	몽골, 사막화방지사업
한국사랑의집짓기운동연합회	건축지원, 자원봉사단파견
한국제이티에스	교육, 의료, 지역개발, 긴급구호
한마음한몸운동본부	소득증대, 의료보건, 직업 및 기술교육
함께하는사람들	의료, 교육, 직업훈련, 자활 지원
광성재단	교육, 장학, 지역개발
국제사랑의봉사단	의료, 교육, 문화, 긴급구호
국제옥수수재단	평화의 옥수수 심기운동
굿네이버스	아동지원, 보건의료, 지역개발, 사회교육
글로벌케어	의료복지 및 긴급구호 사업

기아대책	지역개발, 교육, 의료보건, 무료급식, 영적개발, 긴급구호
동북아평화연대	인도적지원, 의료, 농업기술전수, 교육, 문화
부스러기사랑나눔회	아동복지, 교육
새마을운동중앙회	새마을운동 보급
써빙프렌즈인터내셔널	긴급구호, 구제, 지역개발
아이코리아	유아교육용 교구, 교재지원
아프리카미래재단	보건의료
에코피스아시아	사막화방지, 맹그로브숲복원, 친환경에너지
월드케어	아동지원, 지역개발, 교육훈련
위드	학교급식, 영양개선, 모자보건, 지역개발
은평천사원	장애자활, 교육, 청소년육성
장미회	네팔 교육, 의료사업
청수나눔실천회	의료, 교육
팀앤팀	수자원개발, 식량, 의료, 보건, 지도자 양성
플랜한국위원회	보건, 교육, 주거환경개선, 문화교류
한국선의복지재단	베트남 태권도교육 및 심장병 수술
한국희망재단	지역개발, 교육, 식수
한민족복지재단	보건의료, 교육, 지역개발
호산나복지재단	교육, 친선병원, 농업개발

대상이 되었을 뿐만 아니라, 대부분 자신들을 버리고 간 한국의 아버지를 만나지 못한 채 살아가고 있다.

그러나 승원 씨는 캄보디아를 활동 대상국가로 정했다. 그것은 이미 베트남을 대상으로 활동하는 국제원조 NGO가 한국에 많이 있으며, 베트남은 캄보디아·네팔·미얀마 등에 비해 상대적으로 경제사정이 좋은 신흥 개발도상국이기 때문이다. 반면에 캄보디아는 한국처럼 강대국의 식민지였고, 상대적으로 강한 국가들에 둘러싸여 있으며, 게다가 전쟁의 상흔이 깊게 스며 있는 나라로서 동질감이 느껴졌다. 캄보디아는 한때 프랑스의 식민지였으며, 영토가 18만km²로서 한반도 면적에 약간 못 미치지만, 인구는 1,500만 명밖에 되지 않는 작은 국가이다. 주위에 라오스뿐만 아니라 상대적으로 큰 국가인인 베트남·타이와 국경을 접하고 있다. 캄보디아는 내전을 겪은 후 1975년 크메르루주 정권에 의해 수백만 명이 학살당하는 고통을 겪은 국가이기도 하다.

캄보디아에서의 새로운 삶

승원 씨는 성당의 신도를 회원으로 하는 국제원조 NGO의 회장에 취임한 후 캄보디아에 자리를 잡았다. 캄보디아의 수도 프놈펜에서 메콩강을 따라 동북쪽으로 80km쯤 올라가면 캄퐁참이라는 캄퐁참 주도(州都)가 나오는데, 그가 정착한 곳은 캄퐁참에서 차로 1시간의 거리에 있는 작은 도시이다. 그의 사업장은 허름하지만, 사무실·접견실·창고·숙소 등이 있어서 매우 넓었다. 그리고 직원 7명에 아르바이트생 3명을 고용하고 있다. 그는 손수 마련한 종잣돈 5,000만 원으로 이 사업장을 만들었다. 그가 세운 NGO의 한달 수입은 한국의 회원들이 매달 내는 회비와 기부금 약 1,000만원이다. 이 수입에서 자신의 월급과 판공비로 매달 300만 원을 쓴다. 그는 두 달에 한 번 정도 한국을 오가기 때문에 교통비가 많이 든다. 그리고 사무실 운영비로 100만 원을 낸다. 또한 10명의 인건

〈표 2-3〉 월 지출내역

항목	세부항목	금액
경영비	회장 월급	300만 원
	판공비	
운영비	사무실관리비	100만 원
	차량유지비	
	식비	
인건비	풀타임직원	250만 원
	파트타임직원	
사업비	교육사업	350만 원
	의료사업	
	생계지원사업	
	지역개발사업	
계		1,000만 원

비로 250만 원을 지불한다. 나머지 350만 원이 사업비이다.

그의 단체가 하는 주요 사업은 교육 · 의료 · 생계지원 · 지역개발 등이다. 교육사업은 청소년과 아이들에게 한국어 · 영어 · 수학 · 컴퓨터 등을 가르치고 성인들에게는 농업기술을 가르치는 것이다. 가끔 지역 주민들을 대상으로 하여 지역운동에 관한 초청강의도 한다. 한국어와 컴퓨터는 회장인 그가 직접 가르치고, 영어와 수학은 대학을 나온 직원 2명이 함께 맡고 있다. 농업기술 교육은 한국의 새마을운동중앙회로부터 주기적으로 지원받는다. 수료생들이 한국으로 유학을 가거나 연수를 가는 계획도 세워두고 있다.

의료사업은 간단한 의약품을 지원하는 것 외에 2개월마다 한 차례씩

사업	주요 내용	주 담당자
교육	한국어, 영어, 수학, 농업기술	회장, 직원 2명, 한국 자원봉사자, 외부초청
의료	의약품 지원, 양방, 치과, 한방 치료	직원, 한국 의료봉사단
생계지원	긴급지원, 재활용품 지원	한국 회원, 직원
지역개발	집과 도로 보수, 산 개간 및 식목, 학교건설, 우물설치, 환경보호	직원, 현지주민, 용역, 한국 자원봉사자

한국에서 오는 의료봉사단이 양방·한방·치과 치료 서비스를 제공하는 것이다. 의료봉사단은 한국의 성당에서 조직하기도 하지만, 청년의사회·대학생의료봉사단·대학병원 등과 연결된 네트워크를 통해 지원받고 있다. 앞으로 현지에 지역병원을 건립하는 것도 생각하고 있다.

생계지원사업은 장례·사고 등 긴급한 경우 사업비에서 일정한 물품을 구입하여 지원하기도 하지만, 주로 한국의 회원들이 모아서 보내준 중고물품을 현지에서 분리하고 수리하여 재활용하는 것이다. 승원 씨의 단체가 활동하는 지역에는 돈이 없어서 장례도 제대로 치르지 못할 만큼 어려운 사람이 많다. 그리고 한국에서는 그냥 버리는 옷, 이불, 신발, 가방, 학용품, 페트병, 그릇, 장난감, 자전거 등이 여기서는 소중한 생활용품이다.

지역개발사업은 집과 도로의 보수, 산 개간 및 식목, 환경보호 활동, 소규모 학교건설, 우물설치 등을 포함하는데, 기술이 있는 직원과 현지주민이 함께 담당한다. 특히 식수를 공급하는 우물을 파는 일은 매우 중요한데, 일 년에 서너 군데씩 지속적으로 실시하고 있다. 우물파기는 현지

캄보디아의 자원봉사자들 캄보디아에서는 한국을 비롯하여 세계 각지에서 온 자원봉사자들의 활동이 활발하다. 그중에서 우물을 파서 식수를 공급하는 일은 매우 중요한 활동 중의 하나이다.

기술자에게 용역을 준다. 최근에 젊은이들 사이에 인기를 끌고 있는 공정여행 혹은 착한여행의 일환으로 이곳을 방문하는 한국 청년들의 참여도 지역개발사업에 커다란 도움이 된다.

승원 씨가 캄보디아에서 국제원조 코디네이터로 살아가는 삶에는 현대인이 겪는 실존적 허무를 채워주는 삶의 의미가 담겨 있다. 그는 기업에서 근무할 때 받았던 월급에 비해 10분의 1 정도를 받고 있지만 전혀 위축되지 않았다. 물질에서 정신으로, 자아에서 타자로, 결과에서 과정으로, 그의 가치관 자체가 달라졌기 때문이다. 물질적 성취보다는 정신적 만족에 가치를 두고, 자아에 초점을 두기보다는 타자와의 연대를 중시하며, 결과에 집착하기보다는 과정을 즐기는 삶으로 바뀐 것이다. 현장에서는 다양한 갈등이 발생하기도 하지만, 그는 언제나 제삼자가 아니라 동료의 입장에서 지역 주민의 목소리에 귀를 기울이고 진지하게 문제를 논의한다. 그러면서도 그들의 자율성과 공동체를 존중하는 입장에서 문제를 해결하고자 한다.

승원 씨는 매일 현장에서 주민들을 만난다. 지원을 받는 주민들이 기뻐하는 모습, 나날이 쑥쑥 쌓여가는 아이들의 실력, 점점 새롭게 변화해가는 마을의 전경, 그리고 무엇보다도 미래의 가능성을 믿고 희망에 부풀어 있는 사람들의 마음, 이 모두가 그에게는 돈으로 환산할 수 없는 삶의 환희이자 행복이다. 긴급한 일이 생겨 한밤중에 주민들이 그의 방에 뛰어들어 잠을 깨우는 일이 있어도, 그는 전혀 화가 나지 않는다. 오히려 긴급한 상황에서 자신이 그들을 도울 수 있고, 그의 도움으로 위기를 극복할 수 있는 사람들이 있어서 한없이 즐겁고, 말할 수 없이 감사하다. 그는 이제껏 50년을 살면서 지금처럼 정신적 희열을 느끼고, 사람들을 진지하게 대하며, 자연을 생명의 눈으로 바라본 적이 없었다. 그야말로 융이 오래전에 남긴 말처럼, '우주적 인간으로서 자기를 실현하는 삶'을 살고 있는 것이다.

공공식물원 원장
도시인에게 자연을 선물한다

농촌의 창조적 직업

"야호, 우리가 결국 해냈구나!" 태봉 씨가 그의 동료 둘과 손을 굳게 맞잡았다. 드디어 수원시에서 그들이 만든 식물원에 매년 10억 원씩 10년간 지원해주기로 최종 결정한 것이다. 식물원 입구에 수원시에서 재정을 지원하는 식물원임을 밝히고, 방문객에게 입장료를 받지 않으며, 1차로 10년 동안 지원한다는 조건이 붙어 있기는 하지만, 그들이 지난 2년간 수원시와 수원시의회에 꾸준히 사업을 설명하고 그 의미를 설득한 결과였다.

2년 전 처음 식물원을 만들기 시작할 때, 공무원들과 시의원들에게 공공식물원이 자치단체에 왜 필요한지 설명해도 그의 이야기는 잘 먹혀들지 않았다. 이들에게 사진을 직접 보여주며 국내외 공공식물원의 사례를 소개하고 그것이 지역사회에 주게 될 중요한 의미를 제시해도 설득하기는 어려웠다. 그런데 지난해 지방선거를 통해 시장이 바뀌면서 상황이 달라졌다. 새로 취임한 시장은 수원시의 시정목표를 '인간적인 도시(Human City)'로 설정하고, 경제·주택·교육·복지·치안·문화·환경 등의 분야에서 인간다운 삶을 실현하기 위한 구체적 정책을 제시했다. 이러한 정책 중에서 빼놓을 수 없는 것이 레저 또는 놀이이다. 식물원은 현대인의 좋은 여가활동 장소가 될 뿐만 아니라, 지역경제의 활성화와 어린이교육에도 중요하다. 그런가 하면 환경친화적인 도시의 이미지를 형성하는 데도 매우 효과적이다. 새로 취임한 시장은 시정목표를 달성하기 위한 정책사업을 공모했고, 이미 치밀하게 준비하고 있던 태봉 씨 일행은 여기에 지원하여 당선될 수 있었다.

태봉 씨는 원래 농과대학을 졸업하고 서울에 있는 대형백화점에 취직했었다. 그곳은 취업을 준비하는 사람이라면 누구나 가고 싶어 하는 직장이었다. 그는 백화점에서 농산물 마케팅을 기획하고 농부들과 매년 생산계약을 하는 업무를 맡았는데, 이러한 활동적인 업무는 그의 적성에도 잘 맞았다. 그러나 반복되는 직장생활과 무미건조한 도시일상 속에서 '이게 아닌데……'라는 자각이 일어나 무엇인가 창조적인 직장이 없을까 고민하게 되었다. 처음에 그는 전공을 고려하여 귀농도 생각해보았다. 백화점에서 농산물 마케팅을 담당했기 때문에 특수작물을 재배하여 경제적으로 성공하고 목가적인 농촌생활을 하는 사람을 자주 보았던 것이다. 실제로 그는 귀농에 대한 서적을 읽고 교육까지 받았다. 그러나 귀농은 생각만큼 쉽지 않았다. 무엇보다도 시골로 이사를 가는 것에 대해 아내가 반대했고, 앞으로 자녀의 교육문제도 만만치 않아 보였다. 그리고 귀농이 성공하리라는 확신도 서지 않았다. 그렇다고 그대로 직장에 계속 있고 싶지도 않았다.

그렇게 고민하던 그에게 기회가 찾아왔다. 우연히 주말에 가족과 서울 근교 경기도 양평에 있는 세미원(洗美園)이라는 공공정원을 방문하고서 아이디어를 얻은 것이다. 세미원을 방문한 그는 깜짝 놀랐다. 서울에서 불과 1시간 이내의 거리에 이렇게 자연과 어우러지고 아름다운 풍경을 자아내는, 놀이·교육·예술을 위한 공간이 있다는 사실에 감탄했다. 세미원이라는 이름은 '관수세심 관화미심(觀水洗心 觀花美心, 물을 보며 마음을 씻고, 꽃을 보며 마음을 아름답게 한다)'이라는 『장자』의 문구에서 유래한 것이라고 한다. 이름에서도 알 수 있듯이 세미원은 물과 꽃이 중심이다. 18만m^2의 넓은 공간에 연못 6개를 파고 곳곳에 냇가를 만들어 물을 흐르게 했다. 연못에는 연꽃을 비롯하여 수련·창포 등 수십 종의 수생식물이 피어 있고, 냇가에는 다양한 식물이 자라고 있었다. 그리고 정원 전체에 갖가지 나무와 식물이 가득했다. 또한 용두당간 분수, 장독대 분수를 비롯하여 곳곳에 분수대, 다리, 정자, 조각품이 세워져 있었다. 연못에는 오리가 알을 낳아 부화시키고, 냇가에는 빨래터와 돌다리가 총총히 놓여 있었다. 물론 세미원에는 자연만 있는 것이 아니다. 내부에 식물원도 있고, 연꽃박물관도 있다. 그리고 연꽃음식 문화전, 연꽃염색 체험, 연

세미원의 전경 경기도 양평에 있는 세미원은 물, 꽃, 돌이 서로 조화를 이루어 아름다움을 연출하고, 생태도시 양평의 이미지를 잘 살려주고 있다.

꽃민화 족자 체험을 비롯하여 다양한 예술·문화 전시회나 체험전이 열린다. 각종 전통차를 직접 마셔볼 수도 있고, 친환경농산물을 물물교환 방식으로 살 수도 있다.

세미원은 2005년 경기도로부터 약 100억 원의 재정을 지원받아 만들어졌다. 원래 물이 많은 양평 용담리의 자연환경을 잘 이용하기는 했지만, 그야말로 완전히 인공적으로 만든 정원이라고 할 수 있다. 개원 이후 '우리문화가꾸기'라는 NGO가 경기도와 양평군으로부터 매년 5억 원씩 지원을 받아 위탁 운영을 해왔다. 세미원은 연간 70만 명의 방문객을 맞고 있고, 앞으로는 연간 150만 명의 방문객이 올 것으로 예상하고 있다.

이렇게 많은 사람들이 세미원을 찾는 이유는 무엇일까? 아마도 바쁘고 건조한 도시생활에 지친 나머지 자연이 어우러진 곳에서 휴식을 취하고 싶기 때문일 것이다. 잠시 동안이라도 일상의 이해관계를 내려놓고 세미원의 이름 그대로 그곳에서 마음을 씻고 정화하고 싶은 것이다. 자연·문화·예술이 조화롭게 융화된 세미원은 물질과 경쟁에 찌든 현대인을 따뜻하게 감싸 안을 수 있는 넉넉함을 지니고 있었다.

태봉 씨와 그의 동료 둘은 원래 같은 대학교의 농과대학을 졸업한 동창생이다. 이 시대 농대생 대부분이 그러하듯이 그들도 고등학교 시절부터 이 전공을 원해서 농과대학을 선택한 것은 아니었다. 의과대학이나 첨단 공과대학에 갈 수 없으니 차선으로 농과대학을 선택한 것이었다. 하지만 시대가 변하여 생명공학이 발달하고, 농업이 산업화되고, 먹거리의 안전에 대한 관심이 높아지면서 농대생이 선택할 수 있는 직장이 많아졌다. 그의 친구 한 명은 농촌연구소에 취직했고, 다른 한 명은 식품회사에 입사했다. 그러나 셋은 모이기만 하면 의기투합해서 독창적인 사업을 한번 해보자고 논의하고는 했다. 대학교 입학 때는 차선으로 선택한 농학이었지만, 요즘 많은 사람들이 자연·환경·생태에 관심이 있고, 여행·레저·체험 등을 하고 싶어 하므로 농학이야말로 창조적인 직장을 창출할 수 있는 시대가 된 것이다.

창조적인 직장이란 무엇인가? 아마 그것은 마지못해 출근하고 월급을 받기 위해 일하는 그런 직장은 아닐 것이다. 한마디로 직장 속에서 삶의 의미를 창출하는 것이다. 말하자면 타율적으로 얽매이는 것이 아니라 자율적인 노동이 가능하고, 노동 속에서 자신의 잠재력을 발휘하며, 타인의 삶의 향상과 공동체의 발전에 기여할 수 있어야 한다. 또한 습관적 관행이 아니라 열정을 쏟아부을 수 있고, 도전성이 내재되어 있고 일정한 긴장도 필요로 하며, 자유롭게 시간관리를 할 수 있고 흥미를 유발하는 것이어야 한다. 그들이 간절하게 찾고 있던 직장은 바로 이런 것이었다.

식물원 세우기

태봉 씨의 고민은 세미원을 방문하여 관찰하고 난 뒤 하나씩 실마리가 풀리기 시작했다. 농과대학 동창생 세 명은 최종적으로 공공식물원에 귀착했다. 공공식물원은 공공성을 강조한다. 즉, 사적 이익이나 영리만을 목적으로 하는 사업이 아니다. 사회구성원 모두가 자유롭게 공공식물원에 접근하고, 또 그것이 주는 혜택을 함께 누리는 것이다. 그렇다면 여기에는 공공성을 대표하는 정부가 관심을 기울이고 투자해야 한다. 그리고 공공식물원은 무엇보다 먼저 식물원이다. 식물원이란 각종 식물을 기르는 곳이다. 현대사회에서 식물원의 의미는 역설적으로 고도의 도시화와 건조한 도시생활이 야기한 문제에서 나온다. 현대인들은 대부분 딱딱한 아스팔트 위를 거닐며 우울한 콘크리트 아파트 속에서 산다. 매일 집·직장·슈퍼마켓을 오가며 정해진 일과를 따라간다. 그러다 보니 삶은 인위성·계산성·가공성 등 기술문명의 요소들로 가득 차 있다. 이런 현대인에게 자연은 일상의 삶 속에 있는 것이 아니라 특별한 시간과 공간에 놓여 있다.

자연이 삶으로부터 격리되자 사람들은 자기 생명의 모태였던 자연이 그리워 주말만 되면 도시를 탈출하여 교외로 나간다. 장구한 시간 동안 인류의 고향이었던 자연 속으로 들어가 자연이 주는 원초적 아름다움과 성스러움을 느끼려는 것이다. 그리고 자연의 아름다움을 모른 채 단지 텔레비전과 인터넷의 영상을 통해 간접적으로만 자연을 볼 수 있는 아이들에게 자연의 본 모습을 보여주려 한다. 도시의 아이들이 숲 속 사슴의 여린 동작, 연못을 잇는 무지개 빛깔, 봉오리를 터뜨리는 백합, 아침 이슬을 머금은 거미집, 가을밤 귀뚜라미 소리에 영적으로 반응하는 것도 바로 인간의 세포 속에 자연성의 유전인자가 있기 때문이다. 심지어 나무와 숲과 강으로 이루어진 장대한 자연의 모습은 어른, 아이 할 것 없이 그 자체로서 모든 사람들에게 경외감과 장엄함을 가져다준다. 태봉 씨와 그의 동료들은 도시 공간 속에 있는 식물원이 제한적이나마 현대인에게 이러한 혜택을 줄 수 있다고 보았다. 그들은 자신의 식물원이 중국 상하이 옆에 있는 쑤저우(蘇州)의 졸정원(拙政園)처럼 매년 수십만, 수백만 명의 세계인이 방문하여 많은 사람들에게 위안을 주게 될 것이라는 장대한 꿈을 꾸었다.

현실은 꿈을 꾸는 것에서 발원한다. 기대와 전망이 있으면 결과는 따르기 마련이다. 태봉 씨의 꿈도 현실로 나타나기 시작했다. 식물원을 세우는 데 먼저 부닥친 문제는 위치였다. 그는 주5일제 수업이 실시된 후

쑤저우의 졸정원　1510년 중국 명나라의 관리였던 왕헌신(王獻臣)이 낙향하여 만든 정원. 중국 4대 정원의 하나로서 유네스코의 세계문화유산으로 등재되어 있다. 많은 관광객이 중국을 방문할 때 꼭 이곳을 찾는다.

도시 아이들이 주말에도 멀리 야외로 나가지 않는다는 연구결과를 보았다. 주중의 공부에 지쳐서 도리어 주말에는 집이나 근교에서 쉬는 것을 좋아한다는 것이다. 그렇다면 식물원의 위치는 평소 자연을 쉽게 접할 수 없는 도시 사람들이 접근하는 데 시간과 비용이 많이 들지 않는 근교에 잡아야 한다. 태봉 씨와 그의 동료들은 우선 거대도시인 서울 근교를 생각했다. 그중에서도 서울의 아래쪽을 염두에 두었다. 서울의 위쪽에 있는 세미원과 쌍벽을 이루도록 하려는 것이다. 더구나 서울의 남쪽에는 인구 100만 명에 가까운 대도시들이 즐비하다. 부천 · 안양 · 성남 · 안산 · 수원 · 용인 등이 이에 해당한다. 이 중에서 그들이 수원을 선택한

<표 3-1> 식물원의 구성

주요 시설	개별 시설	용도
식물원	연못, 개울, 야산	자연환경의 실제 모습을 재현하고 거기에 맞는 각종 식물을 식수
	정자	식물원 관람 중 쉴 수 있는 휴식 공간
교육관	체험관	묘목키우기, 거름주기, 물주기 등을 체험할 수 있는 온실
	전시관	자연, 묘목, 식물재배 등에 대한 각종 전시회 개최
	도서관	식물과 농업에 관련된 자료를 보거나 획득하고 자연에 대한 각종 교육 실시
주변환경	연못, 개울, 오솔길, 둔덕, 돌다리	자연 속을 거닐거나 바라보면서 즐길 수 있도록 자연의 모습을 재현
	2층 정자	방문객이 쉬거나 주변을 내려다볼 수 있는 곳
	분수	주로 여름철에 주위를 시원하게 만들기 위한 곳
편의시설	카페, 식당, 주차장	방문객의 편의를 위한 각종 시설
부대시설	주말농장	개별 가족에게 임대하여 채소 재배를 지원

이유는 수원이 서울에서 접근하기에 쉽고, 수원 그 자체로서도 인구가 100만 명이 넘는 대도시이기 때문이다. 그리고 그의 동료 중의 한 명이 수원 출신이어서 그곳에 부모님의 농토가 있는 것도 중요한 이유였다.

그들이 처음에 구상한 식물원은 공공식물원이 아니라 사업장으로서의 개인식물원이었다. 요즘 새로운 사업형태로 많이 생겨나는 개인수목원 같은 것이다. 우선 각자 1억 원씩 투자하여 동료의 부모로부터 수원 외곽에 있는 3만m²의 농토를 3억 원에 장기 임대했다. 그리고 사업을 디자인하고 식물원을 설계했다. 식물원은 식물원 본 건물, 교육관, 주변환경, 편의시설, 부대시설 등 5개 영역으로 편성했다. 식물원 본 건물은 빛이 잘 드는 조립건물로 지어 그 속에 작은 연못을 파고, 개울과 야산을 만들고 다양한 식물을 심었다. 교육관은 체험관, 전시관, 도서관 등으로 구성했다. 주변환경은 연못, 개울, 오솔길, 둔덕, 돌다리, 2층 정자, 갖가지 분수 등으로 아기자기하게 짰다. 편의시설은 목조카페, 친환경음식점, 주차장 등으로 준비했다. 부대시설로 근처 농토를 임대해 별도로 주말농장을 만들 생각도 하고 있다.

식물원 세우기가 구체화되면서 이들은 생각을 바꾸어 공공식물원으로 계획을 전환했다. 한국도 이제 지방자치제의 역사가 20년을 넘어서면서, 각 자치단체에서 자신의 지역을 일정한 상징이나 이미지와 연결시키려 하고 있다. 이것은 지역의 산업이나 문화의 활성화와도 밀접한 관련이 있다. 자기 지역의 산업이나 산물에 맞게 이미지를 강화해야 그 지역의 특산물이 많이 팔리고, 국내뿐만 아니라 외국에서도 관광객이 찾아오기 때문이다. 그리고 지역 주민들이 자기 고장에 맞는 문화시설과 행사를 통해 자신의 정체성을 확립하고 일정한 문화생활을 즐길 수 있어야 지방정부를 더욱 지지하게 된다. 이를 위해 각 자치단체가 내세우는 자기 지역의 모토 중에서 가장 흔한 것이 바로 자연 · 환경 · 생태 · 생명 등이다. 실제로 여러 지방자치단체가 내세운 청정한 도시, 인간적인 도시, 행복한 도시, 문화예술도시, 복지교육도시라는 슬로건은 자연 · 환경 · 생태 · 생명과 같은 개념을 비켜 갈 수 없다. 이것은 고도로 근대화된 현대사회에서의 삶의 질이 이러한 개념과 밀접하게 관련되어 있기 때문이다.

공공식물원의 형태를 띠면 입장료를 받는 개인식물원과 달리 지방자치단체의 지원을 받는다. 이렇게 되면 태봉 씨와 그의 동료들은 식물원을 가꾸는 데에만 열중할 수 있을 것이라 생각했다. 그리고 누구나 부담 없이 접근하여 관찰하고 체험하는 공간을 만드는 것이 그들이 지향하는 창조적인 직장과도 부합한다고 보았다. 마침 지방선거에서 새로 당선된 시장은 시민이 문화생활을 즐기는 것에 관심이 많았다. 지역의 시민들이 식물원에 자유롭게 드나들면서 여가를 즐기고 외부에서도 많은 사람들이 방문한다면, 지역민의 삶의 질이 증대되고 지역경제에도 도움이 되는 것은 당연지사였다. 많은 사람들이 찾고 싶어 하는 식물원이 수원에 있다는 것은 이 도시의 이미지를 제고하는 데도 안성맞춤이었다. 이러한 효과를 얻을 수 있다면 연간예산이 1조 5,000억 원이 넘는 수원시에서 1년에 10억 원을 지원하는 것은 재정적으로 그다지 무리가 아니다. 이것이 바로 수원시가 정책을 공모하고 태봉 씨와 그의 동료들이 만든 식물원에 재정을 지원하는 이유였다.

휴식과 교육의 장

태봉 씨와 그의 동료들은 지난 2년 동안 직접 식물원을 짓고 가꾸었다. 비록 전문가의 조언을 듣고 기계의 도움을 받기도 했지만 건물을 짓고, 흙을 나르고, 연못과 개울을 파고, 나무를 심는 작업을 모두 손수 실행한 것이나 마찬가지였다. 이는 그들이 고안했던 식물원의 콘셉트(concept)를 실현하기 위한 것이었을 뿐만 아니라, 직접 식물원을 가꾸는 작업 또한 인생의 소중한 경험이자 삶의 과정 그 자체였기 때문이다. 더군다나 세 가족의 부인과 자녀들까지 직접 참여하여 자연을 가꾸는 체험을 할 수 있었다. 심지어 식물원을 세우는 것을 구경하러 오는 사람, 그것을 체험하려는 아이들도 있었다. 그들은 시대가 많이 변했음을 실감했다. 태봉 씨는 제러미 리프킨(Jeremy Rifkin)의『소유의 종말』이라는 책이 생각났다. 현대인이 원하는 것, 그것은 소유의 증대만이 아니다. 소유에 대한 집착에서 벗어나 어떤 것과 연결되는 체험을 하려고 한다. 특히 '체험'은 현대인의 삶의 키워드(keyword)가 되었다. 체험을 통해 자신의 감정을 투입하고 삶의 구체성을 경험할 수 있기 때문이다.

식물원을 기획하고 가꾸어가면서 태봉 씨와 그의 동료들은 '구체성'에 초점을 두었다. 17세기 이후 수백 년 동안 인류의 삶을 지배한 근대문명은 거대서사(grand narratives)를 설정하고 있다. 이는 계몽주의에 근거하여 합리성을 증대하고 과학기술을 발전시켜 물질적 풍요를 성취하려는 것이다. 여기서 중요한 것은 근대철학자 헤겔(Georg Wilhelm Friedrich Hegel)이 주장한 것처럼 보편적인 제도와 가치다. 따라서 개인의 구체적인 관심이나 특수한 개성은 사상(捨象)되어 버렸다. 이렇게 되면 삶은 구체성을 상실하고 이념의 껍데기만 남는다. 껍데기만 남은 삶에서 각 개인은 삶의 주인공이 되지 못하고 방관자가 되어 버렸다. 각자가 자신의 삶의 주인공이 될 수 있도록 상실한 것을 되돌려주는 것이 바로 구체성이다. 삶의 구체성이 살아나면 각각의 사람들은 그것에 감정을 투입하고 자기 고유의 스토리를 가질 수 있게 된다. 삶이 과정으로서의 본연의 의미를 되찾는 것이다. 삶의 구체성은 현대인이 원하는 체험의 욕구를 충족하기 위한 현장이라고 할 수 있다.

그러면 식물원에 삶의 구체성을 어떻게 투입할 수 있을까? 우선 식물원의 건물, 나무와 풀, 연못과 개울, 정자와 분수, 물과 돌, 길과 흙, 심지어 출입문과 간판, 나무 막대기 하나와 풀 한 포기에 모두 의미가 있어야 한다. 그런 것들이 우연성의 조각이 아니라 자연의 이치와 삶의 문법에서 나온 것이어야 한다. 그리고 식물원의 작은 물건 하나하나에 심미성과 질서가 있어야 한다. 심미성과 질서는 우주적 인간의 본성이다. 우주 만물과 마찬가지로 인간은 본질적으로 아름다움을 추구하고 질서를 지향한다. 또한 구체성은 모든 것이 삶의 본래성과 연결되어 있는 것을 요구한다. 일상적 삶과 마찬가지로 식물원에서 함께하는 시간에 남편과 아내는 협력자가 되고, 아버지와 아들이 친구가 되며, 옆에 있는 사람은 자연스럽게 이웃이 되는 것이다. 이렇게 삶의 구체성이 실현되도록 건물구조를 갖추고, 식물과 물건을 배치하고, 색깔을 입히고, 음악을 더하고, 프로그램을 만들었다.

태봉 씨의 가족을 비롯한 세 가족은 2년간의 노동을 통해 자연의 아름다움과 목가적 풍경을 담은 식물원을 개원했다. 식물원에서는 갖가지 풀과 신기한 나무가 자라나고, 아담한 연못 가장자리에 돌다리가 놓였으며, 정겨운 오솔길 사이로 나무벤치가 배치되었다. 식물원을 만드는 과정은 육체적 노동이기도 했지만, 전문가를 찾아다니며 묻고 온갖 자료를 찾아서 공부하는 시간이기도 했다.

개원식을 하는 날, 식물원에는 따스한 햇볕이 내리쬐고 그 사이로 감미로운 음악이 바람을 타고 흘렀다. 많은 사람들이 찾아왔다. 가족과 친지, 친구와 동창, 지역 주민, 공무원, 그리고 학생과 아이, 심지어 공공식물원에 관심 있는 예비사업자도 왔다. 대기업에서도 그들의 사업 이미지 제고와 식물원을 어떻게 연결할 수 있을까 탐사하러 오기도 했다. 개원이 끝나고 홍보가 확대되자 사람들이 몰려들기 시작했다. 가장 먼저 찾아온 사람들은 역시 수원 시민들이었지만, 서울과 주변 도시에서 오는 사람들도 많았다. 식물원은 그야말로 도시 사람들이 가족과 함께 휴식을 취하고 소풍을 오는 곳이 되었다.

가장 많이 찾아온 손님은 놀랍게도 유치원 아이들이었다. 수원시가 새로 탄생한 공공식물원을 각 유치원·어린이집·학원·아파트관리실 등에 소개하자, 수원을 비롯하여 서울과 인근의 도시에 있는 유치원까지 원생들의 견학이 이어졌다. 평소 자연을 가까이에서 접하지 못했던 아이들은 호기심 어린 눈으로 식물을 바라보며 순진무구한 놀이를 할 수 있었다. 그야말로 식물원은 아이들이 자신의 생명 깊숙한 곳에 자리 잡고 있던 원형으로 되돌아가게 해주는 매개체였다. 물론 식물원은 아이들을 위한 다양한 체험공간과 프로그램을 마련했다. 연못에 물결 만들기, 개울을 막고 못 만들기, 물고기 먹이 주기, 나무 심고 물 주기 등을 체험할 수 있고, 진행 중인 사업에 참여하여 돌이나 흙을 나르는 체험도 할 수 있었다. 공동농장에서는 판 고르기와 씨앗심기부터 시작하여 감자·고구마·당근 뿌리를 캐고, 오이·호박·토마토의 열매를 따고, 상

자연과 아이들 아이들에게 자연은 상상력과 창의성을 키울 수 있는 좋은 자극제
이자 그 자체로 가장 훌륭한 교육장이다.

추·부추·쑥갓 등 채소를 솎아내는 체험을 할 수 있었다. 그리고 전시관
에서 신기한 식물을 보고, 작은 도서관에서는 식물에 대한 공부도 할 수
있었다.

열정적인 삶의 시간

삶이 그러하듯이 식물원도 결코 완결되지 않는다. 그것은 단지 진행
될 뿐이다. 이미 40대가 된 태봉 씨와 그의 동료들은 그것을 잘 알고 있다.
결과에 집착하면 삶은 그 자체로 수단화되고 투쟁적으로 변해버린다. 삶
은 끝없이 이어진다. 그 과정에서 삶의 각 단막은 다음 단막을 위한 수단

이 아니다. 각 단막은 그 자체로서 가치가 있다. 각각의 단막에서 삶을 즐기는 것이야말로 성인(聖人)이나 도인(道人)의 삶의 자세인 것이다. 태봉 씨와 동료들은 완성이라는 이상향을 향해 식물원을 하나하나 가꾸어갔다. 그것은 공공식물원의 이름에 걸맞게 그곳을 찾는 사람들에게 즐거움을 주고 그들과 함께 아름다운 삶을 향유하는 일이기도 하다. 이 속에서 누구보다도 행복한 사람은 바로 자신의 일에서 열정을 쏟아붓고 매시간 의미를 창출하고 있는 그들 자신이었다.

그들의 삶이 열정적이고 의미 있게 된 데는 몇 가지 이유가 있다. 그들은 우선 삶에서 권력과 이윤으로부터 자유로워졌다. 그들은 더 이상 권력을 좇는 불나방이 아니다. 이윤을 얻기 위해 치열하게 경쟁하지도 않고 인공적이기는 하지만, 심미적 안목으로 자연을 아름답게 가꾸는 일을 했다. 그 과정에서 그들은 자연과 친해졌고, 자연과 영혼의 대화를 나누었으며, 우주 만물에 깃든 생명의 존엄을 깨달았다. 또한 삶에서 타자가 소중하고, 공동체가 절실하게 필요하며, 교육이 얼마나 중요한가도 알았다. 무엇보다도 그들의 삶이 가치 있는 것은, 바로 모든 사람과 함께 삶을 즐기기 위해 식물원의 나무 한 그루, 풀 한 포기, 돌 하나하나에 정성을 쏟고 있다는 사실이다. 모든 사람이 지향해 마지않는 사랑·신뢰·관용·봉사·연대·공동체·영성 등 여러 가치는 일상에서 정성을 쏟는 삶을 떠나서는 있을 수 없는 것이다.

4

공정무역회사 대표
가치를 팔아 대형 프랜차이즈를 넘는다

공정무역의 원리

서울 강남역 근처의 사무실 밀집지역. 40대 직장 여성인 경혜 씨는 점심을 먹고 직장 동료들과 함께 커피를 마시고 있다. 커피를 마시면서 직장 동료들과 나누는 대화의 핵심주제는 크게 두 가지다. 하나는 '정년퇴직을 하거나 회사를 그만두었을 때 무엇을 해서 먹고살 것인가'라는 문제이다. 다른 하나는 '매일 같은 일이 반복되는 일상 속에서 인생을 좀더 아름답고 의미 있게 사는 길이 없을까'라는 것이다. 그러다가 어느 날 경혜 씨는 커피점 직원들의 얼굴이 매우 밝다는 사실을 발견했다. 그리고 그 커피점이 공정무역을 통해 들어온 커피 재료를 쓴다는 사실도 알았다.

이 둘 사이에 무슨 상관관계가 있지 않을까? 이러한 의문이 그녀로 하여금 한국공정무역연합의 홈페이지에 들어가서 자료를 구하고, 이 연합회에서 주최하는 월례 공정무역 공부모임에도 참여하도록 이끌었다. 벌써 수천 명이 회원으로 가입되어 있고 공부모임에도 30여 명이 참석하고 있으니, 이미 많은 사람들이 공정무역에 관심이 있었던 것이다.

공정무역(fair trade)이란 원래 경제학에서 덤핑, 보조금 지급, 지적재산권 침해 등과 같은 불공정 거래가 아닌, 국가 간에 공정한 가격으로 거래하는 무역을 말한다. 그러나 사회학이나 NGO학에서는 선진국이 개발도상국으로부터 노동을 착취하는 가격으로 상품을 거래하는 것을 불공정무역이라고 보고, 노동에 정당한 대가를 지불하며 공정한 가격으로 상품을 거래하는 것을 공정무역이라고 말한다. 공정무역으로 거래되는 상품은 개발도상국의 주요 수출품이자, 공급이나 수요에 따라 가격변동량이 큰 농산물이 주류를 이룬다. 따라서 공정무역은 윤리적 소비운동의 일환으로서 생산자와 소비자 간의 직거래, 공정한 가격, 건강한 노동, 환경보호, 친환경 농산물, 생산자의 경제적 자립 등과 같은 요소를 포함한다. 기존의 국제무역체계로는 개발도상국의 가난을 해결할 수 없다는 취지에서 1950년대에 영국의 국제구호 NGO인 옥스팜(Oxfam)에서 시작되었고, 1990년대에 국제적 시민운동으로 확산되었다.

개발도상국의 가난을 해결하기 위해 NGO는 다양한 국제 시민운동을 전개한다. 가장 대표적인 것이 국제 원조활동이다. 긴급한 상황에서는 원조활동이 중요하다. 자연재해를 만난 난민을 구호하는 활동이 대표적

〈표 4-1〉 전통무역과 공정무역의 차이

구분	전통무역	공정무역
생산자	현지 노동시장의 조건에 따라 노동	공정무역기관에 의해 안정성이 보장되고 사회적 약자를 보호
중개자	많은 무역중개자가 개입하여 자신의 이익을 도모	최대한 무역중개자를 줄이고 생산자와 소비자 간의 직거래를 중시
상품생산	이윤추구원리에 따라 상품이 생산되고 제조	자연을 보호하고 농약을 사용하지 않거나 적게 사용
의사소통	이윤추구원리에 따라 공식적이고 대중적 매체를 사용	상호공존의 원리에 따라 비공식적이고 쌍방향적 소통을 선호
유통	이윤이 많이 남도록 은밀하게 대량유통 방식을 선호	소비자의 수요에 맞추어 투명하게 필요한 만큼 재배하고 유통함
가격	경제원리에 따라 가격이 결정되고 대기업 횡포의 여지가 있음	개발도상국의 가난한 농민을 지원한다는 논리에 따라 윤리적 가격 설정

사례이다. 그러나 원조활동만으로 개발도상국의 가난을 극복할 수 있는가에 대해서는 논쟁의 여지가 많다. 공정무역은 단순 원조에 따라 저개발국 사람들을 돕는 것이 아니라 공정한 무역을 통해 경제적 자립을 도와주는 운동이다. 저개발국 사람들이 자립적 경제활동을 통해 지속가능한 발전을 이루어냄으로써 스스로 가난을 극복하도록 유도하는 것이다. 또한 공정무역은 저개발국의 건강한 노동환경을 구축하는 데도 기여한다. 특히 여성의 임금차별과 어린이의 노동착취를 방지하는 데도 도움이 된다. 또한 공정무역은 환경친화적인 상품을 생산하고 건전한 환경보전을 중시한다. 그야말로 공정무역은 물건이 아니라 사람을 중심에 두고, 경쟁이 아니라 협력을 중시하며, 수요와 공급의 법칙이 아니라 상품을 생산하는 사람의 상황에 따라 가격이 결정되는 시스템이다.

공정무역 캠페인 아직도 많은 사람들이 공정무역에 내포된 가치를 잘 모르고 있어 이를 알리기 위한 캠페인은 매우 중요하다.

경혜 씨는 공정무역에 대해 공부하면서 이미 세계에는 200여 개 단체가 공정무역에 참여하고 있고, 공정무역 상품도 2,000종이 넘는다는 사실을 알게 되었다. 공정무역의 규모도 매년 30~40%씩 성장하고 있다. 유럽연합(EU)에서는 정책적으로 공정무역회사에 자금을 지원해주고 있으며, 유럽의 지방정부는 공정무역 제품을 직접 사용하고 학교의 급식 자재도 공정무역 제품을 사용하도록 권장하고 있다. 곳곳에서 공정무역 캠페인이 벌어지고, 심지어 공정무역박람회(fair trade fair)가 개최되기도 한다. 그런가 하면 영국에서는 지방정부와 상점·학교·교회 등이 공정무역 상임위원회를 구성하여 공정무역 상품을 주로 사용하는 공정무역

마을(fair trade town)을 선정하는데, 2000년에 이미 영국 전역에 300여 개의 공정무역마을이 생겼다고 한다. 한국에서도 공정무역을 하는 회사가 많이 설립되었고, 공정무역의 품목과 액수가 매년 크게 증가하고 있다. 그녀는 금융회사에서 근무한 경력을 이용하여 공정무역회사를 설립해 보고 싶어졌다. 특히 커피를 공정무역으로 수입하여 전국에 유통망을 갖춘 프랜차이즈(franchise) 형태의 회사를 운영고자 했다.

공정무역은 저개발국 지원을 포함하여 시장경제의 한계를 보완하는 좋은 가치를 많이 담고 있다. 그런 만큼 회사를 운영하면서도 의미 있는 삶을 살 수 있다고 보았다. 그녀가 궁금해했던, 커피점의 주인이자 직원인 사람들의 얼굴이 밝은 것도 바로 그 때문이었다고 생각한다. 그러나 공정무역과 프랜차이즈를 결합하는 것은 간단한 일이 아니었다. 상당한 초기자본이 있어야 하고 회사경영에 대한 학습도 필요했다. 더구나 공정무역을 통한 프랜차이즈는 단순히 커피를 수입하여 국내에서 판매하는 것에 그치지 않았다. 커피를 생산하는 저개발국 사람들이 지속가능한 발전을 통해 경제적으로 자립하도록 쌍방향적 의사소통을 하고, 마을공동체를 재건하도록 일정한 지원을 하는 것까지 필요했다. 이것은 국제적 네트워크가 만들어져야 하고, 심지어 직원을 현지에 파견해야 가능한 일이다. 그야말로 공정무역은 단순한 기업운영이라기보다 시민운동의 특징을 많이 지니고 있는 사업이다. 따라서 공정무역 커피 프랜차이즈는 장기적 과제로 남겨두고, 일단 공정무역을 통해 수입한 커피를 판매하는 전문점을 열어 단계적으로 늘려가기로 했다.

현대판 봉이 김선달

경혜 씨는 공정무역에 대해 공부하면서 동시에 커피에 대해서도 많은 것을 알게 되었다. 전 세계 사람들이 마시는 커피를 생산하기 위해 세계 50여 개국에서 2,000만 명이 노동하고 있다. 이들 노동자의 절반이 14세 이하 어린이며 이 아이들은 모두 빈곤에 허덕이고 있다. 그럴 수밖에 없는 이유가 있다. 우리가 사 먹는 4,000~5,000원짜리 커피에서 커피재배 농민이 노동의 대가로 받는 돈이 겨우 10원 내지 20원 정도이기 때문이다. 나머지 이익은 주로 미국과 선진국의 커피제조 다국적기업, 중간거래상인, 수입업자들이 가져간다. 커피 공정무역은 바로 이러한 불평등한 무역구조를 끊고, 윤리적인 무역을 통해 저개발국 사람들에게 정당한 임금을 지급하려는 것이다. 최소한의 생계비라도 지급하여 가난을 극복하도록 도와주려는 것이 공정무역이다.

경혜 씨가 알아본 바에 의하면, 커피의 공정무역이 본격적으로 시작된 것은 스타벅스(Starbucks)라는 거대한 커피전문회사의 등장과 밀접한 관련이 있었다. 1971년 미국의 시애틀에서 처음 개업한 커피전문점 스타벅스는 오늘날 전 세계에서 가장 유명한 커피 전문 프랜차이즈로, 50여 개국에 수많은 매장이 있다. 한국에서도 1999년 서울에 1호점을 낸 이래, 2012년 전국에 400여 개 지점을 내고, 연간 2,400억 원의 매출과 500억 원의 수익(2010년 통계)을 올리고 있다. 그런데 1988년 설립된 글로벌 익스체인지(Global Exchange)라는 미국의 NGO를 비롯한 여러 NGO들이 개발도상국의 커피재배농가에게 정당한 임금을 지급하라고 스타벅스를 압박하면서 공정무역이 세계적으로 큰 화제가 되었다. 스타벅스는 NGO의 압력에 굴복하여 공정무역 커피의 비중을 늘렸지만, 아직 전체의 3% 정도(2005년 기준)만 차지할 뿐이다. 따라서 여전히 대형 커피전문점과 무역업자가 막대한 이익을 남기는 가운데 개발도상국의 커피재배농가는 가난에 허덕이고 있다.

물론 커피 다국적기업은 스타벅스 외에도 커피빈(Coffeebean)과 같은 브랜드도 있다. 그리고 이러한 다국적기업에 도전하는 한국 토종 브랜드도 많다. 카페베네(Caffebene)나 요거프레소(Yogerpresso)와 같은 커피전문점은 전국에 체인점을 두고 빠르게 성장하고 있다. 심지어 카페베네는 2008년 1호점을 낸 이후, 전국에 760여 개의 매장을 열어 매장 수에서는 스타벅스를 능가한다. 하지만 한국에서 다국적기업과 토종회사가 치열하게 싸움을 하고 있는 사이, 개발도상국의 농민은 여전히 생계를 유지하기 어려운 가난에 처해 있다. 그리고 그 나라의 많은 어린이들이 교육도 받지 못한 채 장시간의 노동에 시달리고 있다. 토종 브랜드 커피점의 확산은 기껏해야 애국주의의 성취에 지나지 않는 것이다. 물론 토종 브랜드 중에도 공정무역을 통해 수입한 재료를 사용하는 회사가 있다.

경혜 씨가 시작하는 커피전문점은 스타벅스와 같은 다국적기업과 달라야 할 뿐만 아니라, 토종 커피브랜드와도 차별화를 해야 했다. 그 첫째 조건이 바로 공정무역을 통해 수입하는 커피재료만 사용하는 것이었다. 그녀가 알아본 바에 의하면, 커피 공정무역은 이미 국내에서 많은 회사

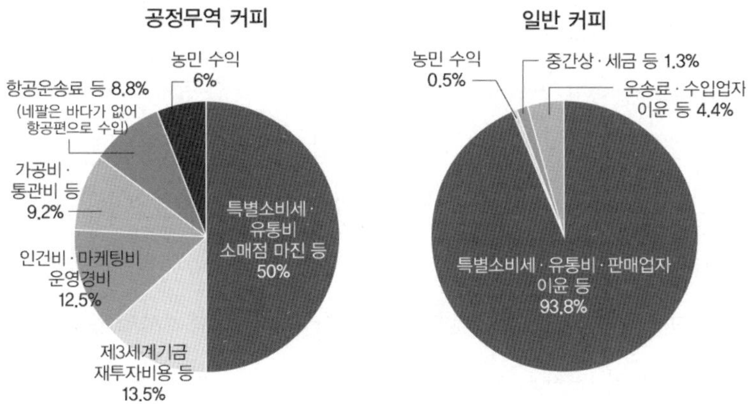

일반 커피는 커피값의 0.5%만이 농민에게 돌아간다. 그러나 공정무역 커피는 커피값의 6%가 농민에게 돌아갈 뿐만 아니라, 최고 커피값의 13.5%가 개발도상국의 개발을 위해 재투자된다(자료: ≪한겨레신문≫).

들이 하고 있었다. 가장 대표적인 것이 아름다운가게의 '아름다운커피(Beautiful coffee)'와 한국YMCA의 '피스커피(Peace coffee)'이다. 아름다운가게의 아름다운커피는 2002년 공정무역을 시작하여 동남아시아 네팔로부터 '히말라야의 선물', 남아메리카 페루로부터 '안데스의 선물', 그리고 아프리카 우간다로부터 '킬리만자로의 선물'을 수입하고 있다. 아름다운가게는 이들 나라로부터 커피를 살 때 국제공정무역인증기관(Fair Trade Labelling Organizations: FLO)의 권장가격인 커피 1kg당 3.19달러보다 높은 4달러에 커피를 사온다. YMCA는 2005년부터 아시아의 소국인 동티모르로부터 공정무역을 통해 커피를 들여오고 있다.

아름다운가게와 YMCA는 다국적기업보다 훨씬 높은 가격에 커피를 구매할 뿐만 아니라, 계약의 원칙에 따라 생산량을 전량 구매하고 선금을 지급하기 때문에 생산자들의 생계보장에 상당히 기여하고 있다. 예를 들어, 아름다운가게는 페루에서 커피를 재배하는 한 마을의 농민 200여 명의 생계를 책임지고 있고, YMCA는 동티모르에서 커피를 재배하는 두 마을 420여 가구의 생계를 도와주고 있다. 물론 두 단체는 공정한 가격으로 커피를 수입할 뿐만 아니라, 커피가공 공장의 건설, 커피운송차량 운행, 커피묘목의 보급, 취약계층의 임금보전, 어린이 교육사업, 농촌개발 및 교육, 커뮤니티센터 건립 등에도 지원하고 있다. 농민에게 높은 가격으로 커피를 구매할 뿐만 아니라 초과이익공유(excess profit sharing)의 형식으로 이익의 일부분을 마을공동체 재건을 위해 투자하는 것이다. 물론 생산자는 유기농이나 친환경 농법으로 커피를 생산하고, 이것을 그 지역의 생산협동조합으로부터 인증을 받아 수출한다.

도시에는 가는 곳마다 커피점이 있다. 그런데도 커피 소비량은 계속 증가하고, 그에 따라 커피점도 끊임없이 늘고 있다. 그리고 따지고 보면 커피값은 매우 비싸다. 점심을 간단하게 먹으면 커피 값이 점심 값보다 비쌀 때도 있다. 그런데도 사람들은 커피를 포기하지 않는다. 또한 커피가 건강에 나쁘다는 이야기도 심심찮게 나온다. 세계보건기구(WHO)에서는 커피를 3단계(최저단계) 발암물질로 규정해놓고 있다. 그래도 사람들은 매일 커피를 마신다. 대부분의 사람들은 커피가 정신을 맑게 하고 긴장을 완화하는 데 도움이 된다고 생각한다. 장수 연구로 유명한 미국의 대체의학자 디팩 초프라(Deepak Chopra)는 장수한 사람들의 공통점으로 커피 마시는 습관을 꼽았다. 산모에게는 오히려 커피가 좋다는 연구 결과도 있다. 점심을 먹고 나서, 혹은 일에 지치거나, 친구를 만나거나, 데이트를 할 때 사람들은 대부분 커피를 손에 들고 있다. 사실 업무나 만남과 관계없이 습관적으로 커피를 마시는 경우도 많다. 커피를 마시는 것은 우리의 일상사인 것이다. 지구상의 인간은 1년에 700만 톤의 커피를 생산하고 5,000억 잔의 커피를 마신다고 한다. 커피가 국제무역에서 석유 다음으로 큰 무역량을 차지한다고 하니, 그 어마어마한 규모를 가히 짐작할 만하다.

경혜 씨는 곰곰이 생각했다. 아무리 바쁘고 불경기라도 사람들은 매일 커피를 마신다! 그래서 나무가 가지를 뻗듯이 대형 커피전문점에서 근무하던 직원들이 홀로서기에 나서 새로운 커피전문점을 창업한다. 그렇다면 사람들을 그녀가 창업하는 커피점으로 어떻게 유인할 수 있을까? 꼬리에 꼬리를 물고 생각을 거듭하다가 어느 한 지점에서 생각이 멈췄다. 사람을 설득하는 것은 꼭 상품만이 아니다! 커피 맛, 커피 가격, 가게 인테리어, 커피점의 위치도 중요하다. 그러나 그런 것들은 누구나 생각하는 것이다. 따라서 그것만이라면 항상 시장의 경쟁에 시달려야 한다. 그렇다! 성공하려면 지금까지와는 달라야 한다. 즉, 지금까지 당연하게 생각해왔던 것을 뒤집는 것이다. 그야말로 프랑스의 철학자 루이 알튀세르(Louis Althusser)가 말한 인식론적 단절(epistemological break)이라고 할 수 있다. 상품이 아니라 발상의 전환이 필요한 것이다. 세상에서 성공한 사람들은 하나같이 보통 사람들이 생각하지 못한 것을 떠올리지 않았던가!

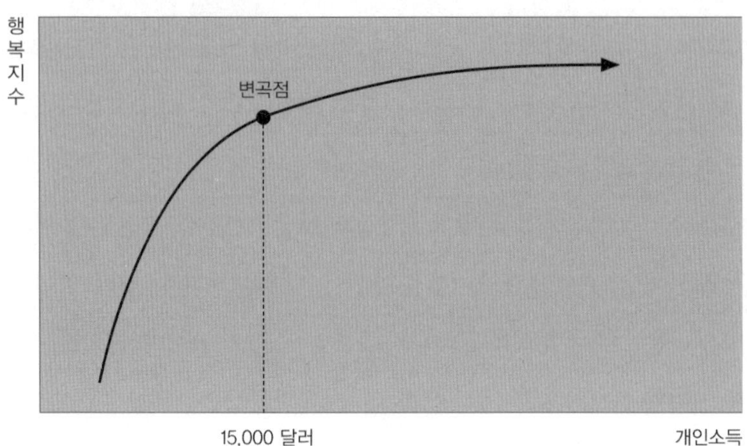

경혜 씨에게 좋은 생각이 떠올랐다. 안락한 의자에 잔잔한 음악이 흐르는 아늑한 실내 분위기에, 전문가가 만들어 대형 커피브랜드에 못지않은 커피맛을 자랑한다. 그런데 커피가 공짜다! 커피가 공짜라면 분명 사람들은 득달같이 달려올 것이다. 그들에게 가치를 파는 것이다. 무슨 봉이 김선달 같은 소리냐고? 현대사회에서는 오히려 봉이의 전략이 먹혀들 수 있다. 공짜 커피에 대의(大義)를 끼워서 파는 것이다. 그녀는 NGO대학원에서 배운 '개인소득 효용체감 곡선'이 생각났다. 이 곡선에 의하면 한국도 이제는 변곡점(inflection point)을 지나 개인소득의 증가에 비해 행복이 크게 늘어나지 않는 시기에 접어들었다. 즉, 사람들은 행복을 얻기 위해 탈물질적인 가치에 투자하게 되어 있다. 개인소득 2만 달러를 넘어선 오늘날의 한국에서 사람들은 가치 있는 일이라면 기꺼이 지갑을 열 것이다.

가치를 파는 커피점

　경혜 씨는 서울 두 곳에 커피점을 냈다. 그녀의 커피점에서 커피값은 공식적으로 무료다. 단, 손님이 커피를 무료로 마시는 대신 커피점이 지향하는 가치에 기부하게 만든다. 그래서 어떤 품목이든 가격은 딱 정해 놓지 않고 4,000원 이상이라고 써놓았다. 물론 4,000원이 넘는 돈은 손님이 보는 앞에서 바로 기부금으로 분류된다. 굳이 손님이 무료로 커피를 마시겠다면 돈을 요구하지 않는다. 커피는 100% 공정무역을 통해 수입한 원두를 가게에서 직접 로스팅(roasting, 생두를 볶아서 커피의 맛과 향을 내는 과정)하여 신선도를 유지했다. 물론 그녀의 커피점에서 커피의 맛만큼이나 중요한 것은 문화다. 문화는 사람들에게 가치를 팔기 위해서는 반드시 필요한 인프라라고 할 수 있다. 우선 그녀는 산뜻한 소책자(brochure)를 하나 만들었다. 그리고 주요 소책자 외에도 주제별로 다양한 안내서를 만들어 요일별로 돌아가면서 교대로 가게에 비치했다. 그녀의 가게에 들어선 손님은 누구나 커피를 마시면서 그 안내서를 보게 된다. 물론 그녀의 가게에서는 커피 외에도 공정무역을 통해 들어온 원두·초콜릿·차·수공예품 등도 곁가지 품목으로 판다.

　경혜 씨의 커피점에 비치된 안내서에는 손님들이 마시는 커피에 어떤 의미가 있는지 아주 설득력 있게 적혀 있다. 손님들은 그녀의 가게에서 다른 커피점과 비슷한 가격에 커피를 마시지만, 그 커피의 가격이 아시아·아메리카·아프리카의 뙤약볕 아래에서 힘들게 일하는 노동자들에

동티모르 피스커피 농장 한국 YMCA 는 2005년부터 동티모르 사메지역의 로뚜뚜 마을과 가브라키 마을에 공정 무역을 위한 커피농장을 운영하고 있 다. 공정무역에 참여하여 커피를 생산 하는 원주민의 얼굴이 밝다.

게 다른 다국적기업에 비해 최고 10배에 가까운 임금으로 돌아간다는 사 실을 알게 된다. 또한 손님들은 자신이 마시는 커피값에 저개발국 여성 의 안전과 어린이의 미래를 위한 기금도 포함되어 있다는 사실을 알게 된다. 손님들이 그녀의 가게에서 커피를 마시는 순간, 그 커피의 향기가 수백 년 동안 포르투갈의 식민지 지배와 인도네시아의 억압을 받았던 아 시아의 작은 나라, 동티모르의 커피재배 마을로 전해져 그 마을 사람들 의 입가에 미소를 만든다. 심지어 그녀의 가게에서 커피를 마시는 사람 들이 조용히 귀를 기울이면, 아프리카 우간다의 어느 가난한 마을에서 마을공동체를 재건하는 망치소리까지 들을 수 있다. 그녀 가게의 커피값 에는 커피를 재배하는 가난한 아프리카 마을의 재건에 필요한 기금도 들어 있기 때문이다.

소비자는 누구든지 자신이 선호하는 커피점에서 커피를 마실 수 있는 자유가 있다. 그러나 세상에는 그런 소극적인 자유만으로는 얻을 수 없는 행복이 있다. 행복이란 자신의 행동이 타자, 나아가 사회공동체의 발전에 기여할 때 배가되는 것이다. 경혜 씨는 손님들이 그녀의 가게에서 원하는 커피를 마시면서 가난한 개발도상국의 사람들을 직접적으로 지원하고 있다는 것을 알려주었다. 그리고 손님들이 자신의 소비가 윤리적이고 가치 있는 것임을 알도록 다양한 장치를 마련했다. 그녀의 가게 앞에는 '가치를 파는 커피점'이라는 문구가 새겨진, 비행기 모양의 커다랗고 노란 풍선이 달려 있다(유럽의 공정무역 커피숍 앞에는 주로 노란풍선이 달려 있다). 그리고 가게에서는 하루에도 몇 번씩 공정무역의 의미와 관련된 비디오가 상영된다. 또한 그녀의 가게에는 공정무역 덕분에 삶의 질이 나아진 개발도상국 사람들의 웃는 사진이 걸려 있고, 공정무역을 홍보하는 다양한 포스터가 붙어 있다. 공정무역을 지지하는 대중적 정치가, 학자, 방송인, 배우, 스포츠 스타들의 사진과 사인도 걸려 있다. 커피점의 음악도 더불어 사는 사회에 필요한 관계·연대·책임·공감 등과 같은 개념에 맞는 고전음악으로 구성했다. 또한 직원과 손님 사이에는 활발하게 의사소통이 이루어진다. 직원들은 단순히 커피만 파는 것이 아니라 일상사를 두고 손님과 서로 대화를 나눈다. 그리고 주방에 들어와 손님이 직접 커피를 내리는 체험도 해볼 수 있다.

경혜 씨의 커피점은 커피를 파는 가게이지만 동네 사랑방이나 문화살

롱으로 통한다. 그래서 그녀의 가게에서는 재능기부자와 연계한 작은 음악회가 열리고, 좋은 책을 설명하는 모임이 생기고, 시 낭송회와 토론회가 개최되기도 한다. 그러한 과정을 통해 세계시민으로서의 윤리, 더불어 사는 건강한 사회, 파트너십을 통한 연대, 정신건강을 위한 삶 등에 대해 배우고, 사고하고, 행동하도록 도와준다. 물론 손님이라도 누구나 연사로 나서거나 연주자가 될 수 있다. 또한 아름다운 삶과 관련하여 손님이 스스로 찍은 사진, 손수 그린 그림, 직접 만든 조각품도 전시할 수 있다. 그런가 하면 전문가들이 엄선한, 의미 있는 삶을 위한 책 1,000권이 비치되어 있다. 또한 국제원조 NGO와 연계하여 네팔·페루·우간다·동티모르에 커피나무를 보내는 기부 프로그램도 진행된다. 저개발국 산간마을의 가난한 사람들에게 커피나무 몇 그루는 마치 1970년대 한국 시골마을에서 송아지 한 마리의 의미와 같다는 것을 손님들에게 알려준다.

경혜 씨의 가게에서 근무하는 직원은 손님과 유대관계를 형성하고 의사소통하는 데 뛰어난 사람들로 선별했다. 가치를 파는 커피점 직원으로서 문화적 소양과 예술적 감각을 구비하기 위해 서로 정보를 교환하고 그룹 스터디를 하도록 유도한다. 다양한 차이를 넘어 휴머니즘을 실천하는 세계관을 지향하는 직원 교육도 실시한다. 그녀의 가게에 정신지체장애인 2명을 일부러 고용하고 있는 것도 이러한 이유 때문이다. 이들은 보통사람에 비해 장시간 근무하기 어렵고 업무능력도 떨어지지만, 조금만 배려하면 그들과 함께 일하는 것이 문제될 일은 없다. 따라서 그녀의 가게에서 커피를 마시는 손님들은 자연스럽게 이러한 사회적 약자에게

커피 한 잔의 의미 공정무역 커피점에서는 커피 한 잔이 단순히 기호식품의 소비로 끝나지 않는다. 그것은 저 멀리 가난한 나라 사람들의 생계를 도와주는 사랑의 행위이다.

노동할 수 있는 권리를 부여하고, 일정한 경제적 보상을 받을 수 있도록 지원하는 일에 동참하는 셈이 된다.

경혜 씨는 커피점을 열고 나서 페이스북 같은 SNS(social network service)를 이용하여 많은 사람들에게 맛있는 커피를 무료로 제공하는 커피점이 있다는 것을 알렸다. 그리고 그곳에서 커피를 마시면 그와 동시에 가치 있는 일을 할 수 있다는 것도 선전했다. 그러자 사람들 사이에 '오늘 ○○ 커피점에 갑시다', '가치를 파는 ○○ 커피점 아시나요'라는 말이 돌기 시작했다. 가치를 파는 커피점이 사람들 사이에 알려지자 몇 달이 지나지 않아 손님이 몰려들기 시작했다.

그녀는 지금 공정무역 커피점을 통해 좋은 일을 하면서도 과거 직장에 다니던 것에 비해 몇 배의 수입을 올리고 있다. 그러나 그녀의 삶은 소득의 증가로만 설명되지 않는다. 그녀는 지금 커피를 재배하는 저개발국 농민들에게 땀 흘린 만큼의 정당한 노동의 대가를 제공할 뿐만 아니라, 저개발국 여성의 임금보전과 어린이의 노동착취를 방지하고 환경을 보호하는 활동에도 참여하고 있다. 그런가 하면 한국의 손님들에게는 안전한 먹거리를 제공하고 의미 있는 삶을 살 수 있는 기회를 제공한다. 구조적인 측면에서 본다면 저개발국 빈곤의 악순환을 단절하고 지속가능한 발전을 구축하는 데 참여하며, 자본주의체제의 모순을 완화하여 좀더 인간적인 경제를 구축하는 데도 기여하고 있는 셈이다. 그 무엇보다도 그녀의 삶이 저 멀리 가난한 나라에서 살아가는 사람들의 마음속에 희망을 심어주고 있다는 데 그녀는 보람을 느낀다. 그녀는 앞으로 커피점을 어떠한 형식으로 확장하고, 어떻게 커피점에서 더 좋은 가치를 팔 수 있을지 매일 궁리한다.

노인권리 운동가

산업화의 주역을 대변한다

노인이 존경하는 청년

○○체육관 강당에 자리 잡고 있던 2,000여 명의 노인들이 마지막 식순으로 회장이 소개되자, 환성을 지르며 강당이 떠나갈 듯 박수를 보냈다. 박수에 인색한 한국인, 더구나 환호하는 문화에 익숙하지 않는 노인 세대를 생각할 때, 이러한 커다란 환호와 박수 소리는 이례적인 것이었다. 회장이 노인들 앞을 지나 연단에 올랐다. 그런데 이게 웬일인가? 65세 이상의 노인 회원이 전국에 10만 명이 넘는다는 ○○노인권리연대의 회장이 청바지를 입은 약관, 20대의 청년이다. 그것도 아리따운 아가씨라니? 정은 씨는 마이크를 잡자 회장(會場)을 두루두루 주시하며 회원 한 사

람 한 사람에게 애정 어린 눈빛을 보냈다. 그리고 더없이 청아하고 진지한 목소리로 연설을 시작했다. 전국 70여 개 도시에 걸쳐 있는 각 지부는 매년 총회를 열어 1년간 사업계획을 설명하고 회원들의 승인을 받는데, 오늘이 바로 ○○지부의 그날이다.

정은 씨는 회장직을 맡은 지 3년밖에 되지 않았지만, 회원들의 절대적인 지지를 받고 있다. 회장에 취임하고 나서 회원들의 데이터베이스(DB)를 구축하고 회원 각자의 신상과 요구사항을 체계적으로 정리했다. 그리고 회원들의 문제를 정책적으로 해결하기 위해 전화를 걸고, 인터넷에 접속하고, 신문에 칼럼을 썼다. 텔레비전과 라디오 방송에 출현하여 의견을 제시했고, 각종 토론회에 토론자로 참석했으며, 정치가와 공무원도 수없이 찾아다녔다. 때로는 거리를 행진하고, 1인 시위를 하고, 갖가지 퍼포먼스도 했다. 이러한 노력을 통해 노령 연금의 인상, 영세노인의 임시직 마련, 노인 상담소의 설치, 노인의 놀이 공간 마련, 노인을 위한 문화정책 형성 등을 성취했다. 그 과정에서 노인의 삶의 질을 증진하기 위해 앞으로 나아가야 할 운동 목표도 정했다. 물론 그녀는 노인들의 권리만 일방적으로 주장하지 않는다. 오히려 노인들에게 정부의 정책과정을 이해시키고 실현 가능한 정책을 선별하기 위한 교육도 실시하고 있다. 모든 사람이 정부로부터 원하는 것을 전부 받을 수 있는 정책은 가능하지도 않지만, 가능하다고 하더라도 국가 공동체에 악영향을 줄 수 있기 때문이다.

여기까지만 해도 그녀는 이미 여느 노인단체의 지도자와는 다르다. 20

노인 전국대회 오늘날 노인은 한국 인구의 중추를 이룬다. 이들의 요구에 귀를 기울이고 이들의 삶의 질을 높이는 것은 국가 운영뿐만 아니라, 인간안보를 위해서도 중요하다(사진 자료: 한국시니어협회).

대 여성으로서 노인권리를 옹호하는 시민운동가이고, 정부의 정책을 이해하도록 노인들을 설득하고, 실현 가능한 정책을 형성하기 위해 합리적인 방안을 찾고 회원의 권리를 위해 행동하고 헌신한다. 그러나 여기서 끝나지 않는다. 그녀는 노인단체 회원을 대표하기도 하지만 그들의 인생 멘토(mentor)이기도 하다. 인생의 고민을 상담하기 위해서는 지식만으로는 불가능하다. 그것은 지혜를 필요로 한다. 그런 의미에서 20대의 여성이 60대, 70대, 80대의 노인을 상담한다는 것은 얼핏 불가능해 보인다. 그런데 노인들이 그녀에게 온갖 고민을 털어놓고, 그녀의 말에 주목하는 것은 그녀가 박식하기 때문인 점도 있지만, 그보다 그녀의 진취적 철학과 삶에 대해 진정성을 느끼기 때문이기도 하다. 그녀는 이기적이고 노인 세대에 무관심한 보통 청년과는 다르다.

정은 씨는 일단 회원들의 말에 귀를 기울인다. 상대의 이야기를 잘 듣는 것은 지도자의 첫째 조건일 것이다. 그녀는 결코 노인들의 고민상담을 귀찮아하거나 가식적으로 듣는 척하지 않는다. 그리고 노인들의 요청에 침묵하지 않는다. 지원을 요청하는 사람에게 침묵하는 것은 상대에 대한 무시이자 방관이다. 그런 행동은 지도자로서 낙제점이다. 그녀는 어떠한 형태든 상대에게 위로를 전한다. 또한 그녀는 상대를 낙담시키지 않는다. 무슨 질문이든 모른다든가, 어렵다든가, 불가능하다는 말을 하지 않는다. 알아보고 나중에 알려주겠다든가, 언제 다시 만나자고 약속을 한다. 상대에게 희망을 준다는 것은 뛰어난 지도자가 갖추어야 할 중요한 덕목이기 때문이다.

"요즘 잘 지내시나요? 어디 편찮으신가요?"
"회장님, 요즘 제가 사는 재미가 없어졌습니다."
"그래요? 무슨 일이 있나요?"

그녀는 자연스럽게 대화를 이어간다. 대화는 그녀의 특기다. 대화는 바로 인간과 인간을 잇는 연대의 고리인 것이다.

"몇 년 전에 부인과 사별했는데, 지난달에 친한 친구가 또 세상을 떴습니다."

어려운 문제다. 그러나 그녀는 대답을 피하지 않는다. 소외된 사람들을 외면하지 않고 그들에게 다가가는 것은 그녀가 살아가는 삶의 근본 방식이다.

"생사(生死)는 우주 만물의 근본원리이지요. 안타깝지만 누구든 그것을 피할 수는 없지 않습니까? 너무 낙담하지 마시고 다른 분들을 계속 사귀어 보세요. 선생님께서 먼저 손을 내밀면 친구는 생기기 마련입니다."

"회장님 말씀처럼 그래야겠지요."

"심심하게 하루하루 시간을 보내지 마시고, 매 순간 의미를 찾으면서 지내보세요. 의미를 생성하기 위해서는 삶에 목표가 있어야 합니다. 무슨 거창한 목표가 아니어도 좋습니다. 가까이 있는 친구와 이웃, 옆에 계시는 다른 분들과 함께 작은 관심과 애정이라도 나누시면 의미 있는 삶이 됩니다."

" …… ."

"내일 오후에는 제가 사무실에 있습니다. 시간이 되면 놀러 오세요."

정은 씨는 한 마디 위로로 끝내지 않는다. 사람들에게 항상 기대를 남겨준다. 회원들을 대하는 이러한 태도 덕분에 그녀는 노인들을 대표하는 회장이자, 그들의 삶의 문제를 상담하는 멘토가 되었다. 물론 노인의 멘토가 된다는 것은 쉬운 일이 아니다. 무엇보다 연대에 대한 철학과 인간에 대한 연민을 갖는 것이 첫째 조건이다.

한국 노인의 정체성

정은 씨는 대학에서 사회복지학을 공부했다. 그중에서도 노인복지에 관심이 많았다. 사회복지학과 학생들은 대부분 졸업하면 사회복지사가 되어 정부나 복지기관에 취직한다. 그중에는 물론 노인복지를 담당하는 사람도 있다. 그러나 정은 씨는 NGO학을 연계전공으로 공부했고, 졸업 후 야간 NGO대학원에 입학하면서 새로운 방식으로 노인복지 문제에 도전할 수 있었다. 그것은 기존의 제도화된 방식이 아니라, 시민사회에서 노인들과 함께 시민운동을 통해 복지정책이 형성되도록 주창하고, 그것을 통해 노인복지를 확대한다는 전략이었다. 그야말로 노인권리 시민운동이다. 그리고 전국을 무대로 그런 시민운동을 전개하는 것이다. 그녀는 그것이 공무원으로서 단지 개별 정책을 집행하고, 복지사로서 한정된 지역에서 복지서비스를 생산하는 것보다 노인복지를 실현하는 더 빠른 길이라고 보았다. 그런데 기존의 노인단체는 이런 역할을 제대로 하지 못하고 있었다.

물론 노인권리 운동이라고 해도 그것은 단순히 집단행동이나 정책변화 차원의 문제만이 아니다. 근본적으로 노인 문제는 노인 이전에 인간의 존재와 삶의 문제와 대결하는 것이다. 그래서 그녀는 대학에서 독서광이라고 할 정도로 많은 책을 읽었다. 전공과목 외에 정치학·사회학·행정학·법학과 같은 사회과학의 기본서는 말할 것도 없고, 철학·종교학·심리학·의학, 나아가 우주물리학이나 양자역학에도 관심을 가졌다. 친구들이 전철에서 휴대전화를 들고 있을 때, 그녀는 우주를 이해하고 인간을 파악하기 위해 철학과 심리학 책을 집어 들었다. 그녀는 젊은 만큼 체력이 좋았고 다독할 수 있을 만큼 눈이 좋았으며, 다행히 한국에는 이러한 공부를 할 수 있도록 전문가가 쉽게 쓴 좋은 책이 많았다.

정은 씨는 졸업 후 노인의 실질적인 대변자가 되겠다는 장대한 꿈을 꾸었다. 사실 그것은 다른 또래의 여성이 상상조차 해보지 않았던 발상의 전환이었다. 그러나 졸업 후 막상 그 일을 시작하려고 하니 막막했다. 어디서부터 어떻게 시작해야 한단 말인가? 그야말로 꿈과 현실은 너무나 달랐다. 차가운 겨울바람이 몰아치는 광야에 홀로 선 기분이었다. 그러나 고민은 해결책을 가져오기 마련이다. 고민이 있기에 대학원 수업시간에 이론을 열심히 공부했고, 다른 나라의 선례를 눈여겨볼 수 있었다. 그리고 교수들에게도 적극적으로 도움을 요청했다. 그녀는 대학원에서 시민운동이론을 공부하면서 발견한 한 개념에서 눈을 번쩍 떴다. 바로 정체성(identity)이라는 용어다. 이론에 의하면 모든 시민운동의 동력은 그 시대 인간의 정체성이라는 핵심적인 요소에서 나온다. 그렇다! 운동이란 것이 무슨 별난 세상의 일이 아니다. 그것은 사회를 이루고 사는 인간의 삶의 방식이자, 좀더 나은 삶을 위한 희망의 연대다. 그렇다면 그것은 그 시대 인간의 정체성 문제에서 비롯된다.

이 나라 노인들은 누구인가? 그들은 어떻게 살아왔고, 지금 어떤 삶을 살고 있으며, 무엇을 바라고 있는가? 그들이 즐겁고 행복해한다면, 또는 고통스럽고 불행해한다면, 누가 그리고 무엇이 그들을 그렇게 만들었는가? 한국의 노인은 곧 한국의 역사다! 그들의 마음속에 있는 조국에 대한 자부심이든, 북한에 대한 연민이나 적개심이든, 얼굴에 깊이 파인 주름살과 거친 손바닥이든, 공원에서 갈 길을 잃고 서성이는 모습이든, 그 자체로서 그들은 한국의 과거와 현재와 미래를 고스란히 담고 있다. 그들은 혹독한 일본의 식민지 지배를 딛고 국가를 건설했고, 북한과 중국의 침입에 맞서 싸웠으며, 산업화의 현장에서 주야를 가리지 않고 노동했다. 그리고 무엇보다 자신의 모든 것을 희생하며 자식을 키우고 그들을 교육시켰다. 오늘날 한국이 보릿고개의 가난을 딛고 풍요를 얻었다면, 외세의 침입을 받지 않고 스스로를 지킬 수 있다면, 세계의 주목을 받으며 핵심 국가 중 하나로 부상하고 있다면, 그것은 모두 지금의 노인들이 이루어낸 것이다.

지금의 선진 대한민국이 노인 세대의 노력에 의한 결과라면 그들은 세상의 주인 대접을 받아야 한다. 그런데 세상은 반드시 공평하지만은 않다. 그것은 젊은 세대와 노인 세대 간의 관계에서도 마찬가지다. 노인들은 고독과 가난으로 내몰렸다. 자식은 떠나가고, 수중에 돈 한 푼 없다. 노인들이 놀 수 있는 장소도, 놀이도 없다. 정부정책도, 경제구조도, 문화나 예술도, 생활용품도 모두 젊은 사람 위주이다. 문화양식 · 이동수단 · 통신장비는 애초부터 모두 젊은 사람들에게 맞추어 개발된다. 집에서 볼 만한 텔레비전 프로그램도 드물고, 컴퓨터는 그들에게 먹통이나 마찬가지다. 바깥에 나가도 제대로 즐길 만한 문화가 없다. 그래서 그들은 거리로, 빈터로, 공원으로 내몰린다.

거리의 노인들　한국사회의 눈부신 발전은 노인 세대가 만들었다. 그러나 그 수역인 노인들은 갈 곳이 없고 즐길 문화가 없어 대부분 거리를 서성댄다.

　　지금 한국의 성장과 풍요의 나무는 노인들이 심고 가꾼 것이다. 그런데 그 열매는 대부분 젊은 사람들이 따 먹고 있다. 노인들은 대부분 그 사실을 모르고 있거나, 알고 있어도 불가항력이라고 생각한다. 이 문제는 우선 그동안 달콤한 말로 노인들을 기만한 정치가들의 책임이 크다. 더욱이 문제가 되는 것은 노인 세대가 스스로 이데올로기에 갇혀 자신의 권리를 제대로 찾지 못하고 있다는 사실이다. 실제로 한국에서는 백화점에서 물건을 사는 사람 속에 노인이 없고, 인천공항을 오가는 여행객 속에 노인이 드물고, 텔레비전 속에 노인을 찾기가 쉽지 않다. 어디 그뿐인가? 오늘날 한국 노인은 심리적·물리적 폭력을 당하고 급기야 스스로 목

숨을 끊기도 한다. 한국은 경제협력개발기구(OECD) 34개국 중에서 노인 자살률이 1위인 나라다. 심지어 자식들로부터 살해당하는 노인도 1년에 100명이 넘는다. 살해당하는 노인이 이 정도라면 자식들로부터 폭력을 당하는 노인은 부지기수일 것이다.

산업화 주역의 대변인

정은 씨는 노인권리 운동을 시작하기 위해 먼저 전국을 돌아다니며 현장을 답사했다. 그 과정에서 그녀는 심한 충격을 받았다. 그중 한 번은 서울 탑골공원 앞 종묘 광장에서 체험한 것이다. 종묘 광장은 원래 공터였지만 나무를 심고 의자를 놓아 공원으로 새롭게 단장한 곳이다. 그러나 지금 그곳은 도시 속 휴식 공간이라기보다 영락없는 노인들의 집합소이다. 왜 서울의 노인들은 죄다 종묘 광장에 모이는 것일까? 갈 곳이 없어서이다. 그리고 즐길 문화가 없어서이다. 그래서 그들은 그곳에서 서성대고, 점심을 시켜 먹고, 술에 취해 비틀거리고, 드러누워 잠을 자고, 화투판을 벌이고, 노래방 기구를 불러들여 노래를 부른다. 장기나 바둑을 두거나 곁에서 그것을 지켜보는 노인은 그래도 나은 경우에 속한다. 그러다가 비가 쏟아지자 노인들은 모조리 종로3가 지하철 대합실로 뛰어들었다. 비를 피하기 위해 답답한 지하를 빽빽이 메운 노인들은 앉을 자리도 없어서 쪼그리고 앉아 서로를 멀뚱하게 쳐다보기만 했다. 그들에게 삶이란 무엇일까?

　다른 한 번은 시영 아파트에서 경험한 것이다. 대구의 어느 동네 시영 아파트를 찾았을 때 할머니 한 분이 엘리베이터를 타기 위해 그 앞에 놓인 계단 몇 개를 힙겹게 올라가는 장면을 보았다. 젊은 사람이라면 가볍게 올라갈 만한 계단이지만, 무릎이 약한 70~80대의 할머니에게는 그 계단 몇 개를 오르는 것도 고생스러운 일이었다. 편의를 위한 엘리베이터를 설치하면서, 그 앞에 놓인 계단이 누군가에게 불편할 수 있다는 것까지는 신경 쓰지 못한 것이다. 그리고 그 아파트에서 홀로 사는 어떤 할아버지는 정말 돼지우리와 같은 집에서 소주와 라면으로 연명하고 있었다. 희망이라고는 단 한 가닥도 없이 그저 매일 본능적으로 먹고 마시면서 죽음을 향해 나아가는 것이다. 보이는 곳이 이러하다면 보이지 않는 곳에서 외롭게 죽어가는 노인들은 어떠할까? 한국에는 100만 명이 넘는 독거노인이 있고, 그중 많은 이들이 혼자서 외롭게 죽어간다.

　한국 산업화의 주역인 노인들은 그에 걸맞는 대우를 받아야 한다. 정은 씨는 지도교수의 조언을 듣고 몇 명의 동료들과 함께 직접 현장에서 부딪혀보기로 했다. 먼저 거리로, 공원으로, 노인들을 찾아다녔다. 그리고 치밀한 준비 끝에 전국의 노인정을 방문하여 대화를 나누는 것으로 노인단체를 조직하기 시작했다. 그녀는 이미 인간존재에 대한 폭넓은 독서를 했고, 노인복지를 전공했으며, 노인의 현실을 직접 목격했다. 게다가 인생 목표와 진로가 명확하게 설정되어 있어서 자신의 일에 대한 사명감에 불타고 있었다. 이럴 때 겸손은 미덕이 아니다. 여성이라고 수줍어

하거나 주저할 필요도 없다. 더구나 어리바리한 아마추어는 필패다. 그야말로 단단한 프로의 근성을 보여주어야 한다. 그녀는 준비되어 있었다. 그녀가 방문한 노인정에 노인이 단 열 명만 모여 있어도 그녀는 열정적으로 강연을 했다.

"한국이 본격적으로 산업화를 시작하던 1960년대, 우리는 세계에서 가장 가난한 나라였습니다. 그때 1인당 연간 소득이 100달러 정도였으니 아마 지금 세계에서 가장 가난한 나라인 방글라데시보다 더 못살았을 것입니다. 하지만 이후 한국인은 오로지 잘살아보겠다는 생각으로, 조국을 재건하겠다는 의지로 자신을 희생하며 산업화에 매진했습니다. 그래서 오늘날 한국은 이 작은 남한에서만도 세계 10위의 무역량, 세계 15위의 경제력, 세계 30위의 개인소득을 자랑하고 있습니다. 1960년대 선진국이었던 아르헨티나는 지금 개인소득이 8,000달러인 중진국이지만, 한국은 2만 달러가 넘는 선진국이 되었습니다. 지난 50년 동안 한국은 개인소득이 200배나 증가했습니다. 세계 역사에서 반세기 만에 이렇게 성장한 나라는 없습니다. 이 모든 성장과 번영은 바로 여기 계시는 여러분이 먹을 것 먹지 않고, 입을 것 입지 않고, 쉴 시간 쉬지 않고 일한 결과입니다. 지금 한국이 세계로부터 찬사를 받고 있는 것은 바로 여기 있는 노인 여러분의 덕택입니다."

노인들은 놀랐다. 어느 날 느닷없이 찾아온 20대 새파란 아가씨가 자신들의 정체성을 되찾아준 것이다. 지금까지 그런 적이 없었다. 기껏해야 선거철이 되면 정치가들이 와서 인사하고, 연말이 되면 자원봉사자가 와서 선물을 주는 것이 전부였다. 사실 정치가들은 자신의 권력을 유지하기 위해 특정 이데올로기에 그들을 가두었고, 자원봉사자들은 대부분 연민의 정으로 그들을 위로했다. 그런데 이 청년은 달랐다. 지난날 고생하며 살아온 자신들의 삶이 얼마나 훌륭한가를 되새겨주고 있었다.

"요즘 젊은이들은 힘든 일을 하지 않습니다. 지금의 여러분이 심어놓은 나무에 많은 열매가 달려 있으니 힘들게 일할 필요가 없습니다. 그런데 젊은이들이 열매를 다 따 먹어버리고 정작 여러분에게 돌아올 열매는 별로 없습니다. 여러분은 대한민국이 성취한 찬란한 번영의 주역입니다. 바로 이 나라의 주인인 것입니다. 따라서 주인에 걸맞는 대우를 받아야 합니다. 적어도 일정한 재산기준 이하는 한 달에 30만원의 노령 연금을 받아야 합니다. 텔레비전에 여러분이 좋아하는 프로그램을 더 늘려야 합니다. 도시에 여러분이 쉴 수 있는 공간을 만들고, 여러분이 즐길 수 있는 놀이도 개발해야 합니다. 여러분이 임시직이라도 일할 수 있도록 일자리를 만들고, 필요하다면 심리상담과 직업개발교육을 받을 수 있어야 합니다. 그리고 번영의 주인을 떠받들고 칭찬하는 문화를 구축해야 합니다."

노인들은 감탄했다. 그들의 대변자가 나타난 것이다. 대변자는 그들의 고민을 낱낱이 알고 있었다. 그리고 용감하게 그것을 세상 밖으로 끄집어냈다. 나아가 그것을 몸소 해결하겠다고 나섰다. 자기를 알아주고,

노인과 청년 청년은 노인의 유전자를 이어갈 다음 세대다. 따라서 노인은 청년의
성장을 바라고, 청년과의 만남을 기뻐하며, 청년과의 대화를 즐거워한다.

대변하고, 이끌어주겠다는 데 흥분하지 않을 수 없었다. 다만 조건이 있
다면, 노인 문제의 해결은 저절로 되는 것이 아니라 노인들이 주체가 되
어 서로 단결하고 직접 행동해야 된다는 것이다. 지금까지 노인들은 현
실에 체념하고 수동적으로 복종해왔는데, 그녀가 그것을 과감히 잘라내
고 그 자리에 비전과 희망을 채워 넣었다. 작은 연설이 끝나자 모두들 자
리에서 일어나 그녀의 손을 잡았다. 그리고 기꺼이 이 청년이 가려는 장
도(壯途)에 동행하겠다고 나섰다.

비전이 있는 새로운 직업

정은 씨는 이렇게 접근이 가능한 전국의 경로당과 노인정에서 노인들과의 대화를 통해 소그룹을 결성하고 대표자를 뽑았다. 각 소그룹의 대표자들이 대의원이 되어 각 도시에 지부를 결성하고 지부장을 선출했다. 이런 과정을 통해 먼저 전국에서 인구 50만 명 이상의 주요 도시 20여 개에서 지부가 결성되었고, 이어서 인구 10만 명 이상의 도시 70여 개에서 지부가 결성되었다. 그리고 전국 지부의 대의원들이 서울에 모여 전국연대를 만들고 그녀를 회장으로 추대했다. 이렇게 회원 10만 명이 넘는 전국조직이 만들어졌다. 노인들이 매달 5,000원의 회비를 냈고, 이와 별도로 기부금을 모으고 후원금을 받았다. 그 덕분에 사무실과 조직이 갖추어졌다. 한 청년의 의기에 의해 자신의 정체성에 눈을 뜬 노인들이 스스로 삶의 주인이 되어 세상을 똑바로 바라보고 행동에 나선 것이다.

한국에는 이미 여러 노인단체가 있다. 그녀가 만든 단체가 다른 노인단체와 다른 것이 있다면, 그것은 단체의 회원들이 객체가 아니라 운동의 주체로서 활동한다는 것이다. 회원들은 상향식 의사결정체계에 따라 지역마다 소그룹 회의를 열고 자신의 의견을 표출할 수 있다. 그리고 다양한 주제에 대해 서로 토론할 수 있는 공간이 있었다. 지역에서 다양한 형태의 회의가 진행되었기 때문에 자연스럽게 커뮤니티가 형성되었다. 또한 지역 · 성 · 나이 · 직업의 경계를 넘어 전국적으로 연대가 활발해져 막강한 그레이 파워(gray power)가 형성되었다. 이제 노인들은 더 이상 거

〈표 5-1〉 노인권리 운동의 준비과정

단계	주요 내용	구체적 내용
1단계	지식획득	노인복지, 존재론, 사회론, 시민운동론, NGO에 대한 지식을 습득
2단계	진로구상	자신의 길에 대한 진로를 설정한 후 의지를 다지고 개괄적인 구상을 형성
3단계	기획/탐사	운동에 대한 구체적 기획과 함께 현장을 직접 탐사
4단계	조직화	지역마다 하부조직을 구성하고 이들 조직을 연결한 전국 조직을 결성
5단계	사업전개	목표를 설정하고 수단을 확보한 후 그것을 달성하기 위한 사업을 전개

리를 배회하거나, 경로당에서 소일하거나, 방구석에 웅크리고 있지 않아도 되었다. 세상의 주인으로서 거리를 활보하며 거기에 걸맞는 대우를 받고, 문화를 즐길 수 있게 된 것이다. 이렇게 되자 그들의 건강도 좋아지고 치매가 줄어들었다(방구석에 틀어박혀 있거나 만나는 사람이 없으면 치매는 악화된다). 정부와 기업에서도 그들을 바라보는 눈이 달라졌다. 한 청년의 창의적인 노력과 리더십에 의해 새로운 변화가 일어난 것이다.

정은 씨는 총선을 앞두고 모 정당으로부터 비례대표 후보를 제의 받기도 했다. 많은 청년들이 꿈에 그리는 20대 국회의원이 되는 것이다. 그러나 그녀는 한 사람의 정치가나 정책 결정자의 힘이 아니라, 대중운동을 통해 노인복지를 이루고자 했던 자신의 출발점을 잊지 않았다. 더구나 전국 10만 명의 노인을 대표하는 자로서 자신을 바라보고 있는 무수한 회원을 버릴 수 없었다.

앞으로 노인인구는 더욱 늘어나게 된다. 심지어 한국은 세계에서 가장 빠르게 노인인구가 늘어나고 있는 나라 중 하나이다. 세대 간의 순조로운 타협과 아름다운 연대를 통해 그들의 삶을 진척시키는 것이 그녀의 일차 목표다. 그 무엇보다도 지금 자신이 하고 있는 일에는 가슴 벅찬 감동이 있다. 그것은 국회의원이라고 하는 지위도 보장할 수 없는 삶의 아름다움이다. 나중에 자신을 이을 후계자가 있다면, 그때는 모든 노인이 바라는 정책을 만들기 위해 정치에 뛰어들 수도 있다. 앞으로 기회는 무진장 열려 있는 것이다! 지금 중요한 것은 청년의 순수한 열정으로 이 순간 가장 긴급하고, 필요하고, 효과적인 과업을 수행하는 것이다.

비영리단체 모금전문가

티끌을 모아 태산을 만든다

빌 게이츠의 변신

2008년 1월 미국의 라스베이거스에서 열린 한 기업의 회의에 참석했던 기자들은 회의가 끝나기 무섭게 전 세계로 긴급 뉴스를 타전했다. 세계 최고의 부자이자 이 시대 IT(information technology)산업의 거인인, 마이크로소프트사의 회장 빌 게이츠가 곧 회장직에서 물러나겠다고 선언했기 때문이다. 빌 게이츠는 2008년 6월 26일 그동안 몸담았던 마이크로소프트사의 회장직에서 물러났다. 대학을 중퇴하고 1975년 창고 한쪽 구석에서 그의 동료 폴 앨런(Paul Allen)과 함께 '작고 부드러운(Micro-Soft)' 회사를 차린 지 33년 만의 일이다. 빌 게이츠는 창업 후 '알테어8800'이라는

작은 컴퓨터의 프로그래밍을 개발하는 것으로 사업을 시작했다. 시작은
미미했으나 빌 게이츠의 사업은 1981년 IBM이라는 거대한 컴퓨터 회사
의 제품에 운영체제인 도스(DOS)를 공급하면서 순풍을 타기 시작했다.
이후 1990년대에 들어와 윈도3.0, 윈도95가 인기를 끌자 엄청난 돈을 벌
수 있었다. 그는 40대 초반에 이미 미국의 경제잡지 ≪포브스(Forbes)≫가
선정한 세계 최고의 부자가 되었다.

지영 씨는 NGO학 강의시간에 토론거리가 된 빌 게이츠의 변신에 흥
미를 느꼈다. 2008년 은퇴할 당시 빌 게이츠는 53세였다. 기업의 CEO로
서는 너무나 젊은 나이다. 한국의 대기업 회장들이 대체로 60대와 70대
이고, 심지어 80대와 90대도 있다는 것을 감안한다면 아직 인생의 전성
기도 오지 않은 것이다. 그런데 그는 왜 은퇴했을까? 지영 씨는 이 점이
궁금했다. 강의시간의 토론 내용에 의하면, 여기에는 복합적인 요소가
작용하고 있었다. 1994년 미국 실리콘밸리의 새로운 아이콘으로 등장하
여 마이크로소프트사의 경쟁자로 떠오른 넷스케이프(Netscape)를 고사
시키는 데 성공했지만, 빌 게이츠는 그 후유증으로 반(反)독점 소송에 휩
싸이고 말았다. 그는 2000년 미국법원으로부터 회사분할 판결을 받았
고, 2004년에는 유럽연합으로부터 약 5억 유로에 해당하는 천문학적 벌
금을 부과받기도 했다. 그래서 그는 2008년 회장직에서 은퇴하기 이전
인 2000년부터 이미 2선으로 물러나 있었다. 이러한 회사 내의 골치 아픈
문제뿐만 아니라, 스티브 잡스(Steve Jobs)의 애플사(Apple)에서 아이폰
(iPhone)을 내놓음에 따라 IT시장의 패러다임이 변하고 있었다. 그야말로

컴퓨터 운영체제가 서서히 저물고 있는 반면, 휴대용 컴퓨터에 해당하는 스마트폰(smart phone)이 강자로 떠오른 것이다. 빌 게이츠는 이러한 변화를 미리 감지한 것일까?

빌 게이츠는 지금 자선사업가로 활동하고 있다. 기업가에서 자선사업가로의 변신은 결코 간단한 일이 아니다. NGO학 교수의 말에 의하면, 이것은 마치 간호사가 어느 날 농부로 직업을 바꾼 것과 같은 급격한 변화라고 한다. 기업가는 시장 영역에 위치하고 있지만, 자선사업가는 시민사회 영역에 속한다. 빌 게이츠는 시장에서 벌어들인 그 많은 돈을 시민사회로 가져와서 그와 그의 부인의 이름을 딴 재단(Bill & Melinda Gates Foundation)을 설립했다. 거대한 기업의 CEO로서 부와 권력과 명예를 한 손에 쥐고 있다가 그것을 포기하고 자선사업을 하고 있는 것이다. 어쩌면 그는 IT산업의 패러다임 변화보다 더 근본적인 내적 변화를 감지하고 있었는지 모른다. 이러한 변화를 설명하는 이론을 행복의 역설(paradox of happiness)이라고 한다. 이 이론은 행복은 의도적으로 얻을 수 없고, 오히려 의도하지 않은 곳에서 행복을 얻을 수 있다는 것이다. 즉, 사람들은 흔히 행복해지기 위해 더 많은 돈을 벌려고 하지만, 막상 개인소득이 높아져도 행복감이 그렇게 증대하지 않는다는 것이다. 빌 게이츠 역시 기업가로서 돈을 더 벌어봐야 자신의 행복감이 크게 높아지지 않았던 것이다. 하지만 자선사업가가 되어 돈을 모금하고 그것을 사회적 목적에 사용하여 가치를 창출하면서 상황이 달라졌다.

빌 게이츠는 엄청난 자산을 지닌 자선사업가이다. 미국의 뉴스방송

빌 게이츠와 멜린다 게이츠(Bill & Melinda Gates)   마이크로소프트사의 회장이었던 빌 게이츠는 2008년 53세라는 젊은 나이에 회장직에서 물러나 자신과 부인의 이름을 딴 재단을 설립하고 자선사업가가 되었다. 이러한 변신에는 개인의 행복증진과 관련된 중요한 역설이 숨어 있다.

CNN(Cable News Network)의 CEO이자 유엔(UN)재단의 이사장인 테드 터너(Ted Turner)가 자선사업에 자금이 모자란다고 도움을 요청하자, 그는 단번에 1조 원을 기부하기도 했다. 빌 게이츠의 재단은 현재 약 600억 달러(약 70조 원)의 자산을 보유하고 있고, 연간 2조 원에 달하는 금액을 외부에 기부하고 있다. 그런데 빌 게이츠는 기부를 많이 하는 만큼 많은 돈을 모금하기도 한다. 그는 시장에서 벌어들인 천문학적 숫자의 돈을 그의 재단에 가져왔을 뿐만 아니라, 이후에 많은 돈을 모금하기도 했다. 세계적으로 유명한 미국의 투자자 워런 버핏(Warren Buffett)은 심지어 그의 재산의 85%에 해당하는 370억 달러를 빌 게이츠의 재단에 기부하기로 했다. 빌 게이츠는 자선사업가이기도 하지만 모금전문가이기도 한 것이다.

모금전문가의 길

　지영 씨는 대학 4학년이 되고 나서 고민이 많다. 요즘 대졸자는 취직하기가 쉽지 않기 때문이다. 그래서 그녀는 답답한 현실에서 벗어나 새로운 가능성에 대해 고민하다가 NGO학 강의시간에 교수가 빌 게이츠 변신의 상징적 의미와 함께 설명한 모금전문가(fund-raiser)라는 직업에 관심이 생기기 시작했다. 미국에서는 이미 20년 전부터 모금전문가가 미래 유망직종으로 알려져 있어서 수많은 젊은이들이 지향하는 직업이라고 한다. 취업전망 · 직무만족도 · 수입 등에서 모금전문가는 교수 · 간호사 · 편집자보다도 높다는 것이다. 심지어 모금박람회도 개최되고 있다고 하니, 가히 그 위상을 짐작할 만하다. 한국에서도 최근에 와서 고용과 관련된 각종 잡지에서 모금전문가를 미래의 유망직종으로 분류하고 있다.

　마침내 지영 씨는 모금전문가라는 이색적인 직업에 도전해보기로 결심했다. 치밀한 기획을 통해 많은 돈을 모금하여 대의를 위해 사용하는 일이 참으로 의미 있는 노동으로 보였기 때문이다. 그래서 모금전문가가 되는 데 필요한 철학 · 심리학 · 경영학 · 사회복지학 · NGO학의 기초 지식을 익히기 시작했다. 그리고 모금전문가가 되기 위한 전문교육을 받기 위해 희망제작소에서 진행하는 교육 프로그램에 대해 알아보았다. 그런데 놀랍게도 이 프로그램에 신청자가 밀려서 두 달이나 대기해야 했다. 100만 원이 넘는 고액의 수강료에도 수강을 원하는 사람이 넘쳐나고 있었다. 모금전문가 교육 프로그램은 그 외에도 도움과나눔(대표 최영우), 엔씨스콤(대표 양용희) 등과 같은 모금컨설팅 회사에서도 진행되고 있었다.

그녀는 희망제작소 모금기법교육 프로그램에서 10주 동안 모금원리, 사례소개, 전략적 모금기획, 온라인 모금, 고액기부, 모금기술, 비영리마케팅, 기부와 세법, 모금실습에 대해 교육받았다. 물론 모금전문가의 역할과 비전도 교육의 중요한 내용이었다. 외국의 경우 유명한 하버드대학교나 록펠러재단을 비롯하여 각종 비영리재단에는 항상 유능한 모금전문가가 자리 잡고 있었다. 그리고 옥스팜이나 그린피스(Greenpeace)와 같은 대형 NGO에서도 모금전문가의 역할이 매우 중요했다. 옥스팜의 경우 2011년 한 해 동안 5,500억 원을 모금했다. 국내의 경우에는 대학, 의료단체, 종교단체, 자선단체에서 모금전문가의 중요성이 인지되어 새로운 직종으로 태동하고 있는 중이다. NGO의 경우에는 굿네이버스(Good Neighbors)나 월드비전과 같은 대형 국제원조 NGO에서 모금전문가가 중요한 역할을 하고 있다. 특히 월드비전은 1950년 한국전쟁 이후 전쟁미망인과 고아들을 돕기 위해 미국의 밥 피어스(Bob Pierce) 목사가 '한국선명회'라는 이름으로 모금을 시작해 오늘날에는 연간 수백억 원을 모금하는 단체로 성장했다.

지영 씨는 모금전문가를 위한 교육을 받으면서 이 분야에서 이미 두각을 나타낸 사람이 많다는 사실도 알게 되었다. 가장 감동적인 사례는 재

환경운동가 대니 서 재미 교포인 대니 서는 12세 때 23달러 기부금으로 환경운동을 시작하여 오늘날 미국에서 유명한 환경운동가이자, 연간 수백만 달러를 모금하는 모금전문가로 성장했다.

미 교포인 대니 서(Danny Seo)의 이야기였다. 그는 열두 살이 되던 1989년, 생일잔치에 온 친구 7명이 모아준 23달러로 '지구2000'이라는 환경단체를 만들어 집 근처에 있는 산과 숲을 개발해 고급주택을 지으려는 건축업자를 저지하는 활동을 했다. 건설현장에서 친구들과 함께 반대시위를 하던 그의 모습이 신문과 방송에 보도되면서, 미국에서 '꼬마 환경운동가'로 알려지게 되었다. 이렇게 시작하여 6년이 지나자 회원이 2만 6,000명으로 늘어났고, 연간 모금액이 100만 달러(약 12억 원)에 달하게 되었다. 그는 1995년, 열여덟 살의 나이에 미국에서 권위 있는 '슈바이처 인간존엄상'과 '올해의 젊은이상'을 수상했고, 1996년 출판업계로부터 '미국에서 가장 영향력 있는 10대'로 선정되었다. 심지어 1998년에는 잡지 ≪피플(People)≫이 선정하는, '세계에서 가장 아름다운 사람 50인'에 뽑히기도 했다. 그는 '대니 서 미디어 벤처'를 설립해 환경보호에 대한 텔레비전 프로그램을 제작하기도 했다.

국내에서도 모금전문가로 유명한 사람이 많다. 그중에서 가장 대표적인 사람이 바로 현 서울시장인 박원순이다. 그는 1994년에 참여연대를 설립하여 한국에서 가장 대표적인 주창활동(advocacy) NGO로 성장시켰고, 2000년에는 아름다운재단을 설립하여 한국의 대표적인 커뮤니티재단으로 만들었다. 아름다운재단은 설립 당시 연간 예산이 3억 원이었는데, 오늘날 연간 90억 원(2011년 통계)이 넘는 돈을 모금하는 단체로 성장했다. 이후 2006년에는 싱크탱크(think tank)형 NGO인 희망제작소를 설립하여 각종 정책을 생산했다. 희망제작소도 그의 명성에 힘입어 100억 원이 넘는 기부금을 자산으로 하여 시작했다(희망제작소에 대한 기업의 기부약속은 이명박 정부에 들어와서 취소되는 소동이 벌어지기도 했다). 그가 시민사회의 대표적 인물로서 서울시장에 당선된 것은 그가 보여준 시민운동가로서의 리더십과 그 리더십에 필수적인 모금전문가로서의 능력과 결코 무관하지 않았다.

한국에서 모금전문가의 길은 대체로 두 갈래가 있다. 하나는 대학, 의료기관, 예술문화단체, 종교단체 등 모금전문가를 필요로 하는 비영리재단에 취직하는 것이다. 이런 곳은 임금이 높고 직장이 안정되어 있지만, 조직 내에서 모금전문가의 위상은 다른 직원에 비해 상대적으로 낮은 편이다. 다른 하나는 자선단체나 시민단체로 가는 것이다. 여기에서

<표 6-1> 모금준비가를 위한 준비

분야	구체적 내용	제공처
이론공부	철학, 심리학, 경영학, 사회복지학, NGO학	대학
실습교육	모금원리, 모금기획, 모금기술, 모금실습	사회적 기업, 시민단체
정보획득	모금원리, 모금기술, 모금사례, 모금분야	모금박람회, 모금세미나
인턴십	모금기획 및 관리의 현장실습	각종 비영리단체

는 대체로 임금이 낮고 직장이 불안하지만, 조직 내의 위상은 상대적으로 높은 편이다. 이런 단체들은 모금을 통해 자금을 확보하는 것이 중요하기 때문이다. 지영 씨는 후자를 선택했다. 그녀는 임금이나 안정보다는 조직 내의 위상, 특히 미래 자기계발의 비전이 중요하다고 생각했다. 그래서 그녀는 ㅇㅇㅇㅇ의 모금부서에 취직했다. 시민단체에서 체계적으로 경험을 쌓는다면 앞으로 자신의 커리어를 개발할 수 있는 길도 열린다고 보았다. 취직에는 그동안 모금전문가가 되기 위해 체계적으로 공부하고 각종 실습 프로그램 교육을 받은 것이 큰 도움이 되었다.

가치를 파는 일

지영 씨는 시민단체에서 모금전문가로 활동하면서 모금이라는 일이 과학과 예술의 미묘한 조화라는 것을 깨달았다. 우선 과학이라는 측면에서 본다면, 모금은 단지 구걸이나 설득으로 되는 일이 아니었다. 오늘날 모금은 도덕적 의무에 호소하는 캠페인(campaign)의 차원을 넘어 마케팅(marketing)으로 나아가고 있다. 기존 방식대로 사람들을 모아놓고 '좋은 일이니 돈 좀 기부하세요'라고 이야기하는 방식이 아니라, 미리 표적으로 삼은 고객을 대상으로 가치 있는 상품을 개발하여 판매해야 한다는 것이다. 물론 상품을 개발할 때 가장 중요한 것은 신뢰와 비전이다. 조직에 대한 믿음과 미래에 대한 희망이 없으면 사람들은 기부하지 않기 때문이다. 그리고 예술이라는 측면에서 본다면, 모금은 합리나 논리만으로 되는 것이 아니었다. 그것은 대의(大義)에 대한 헌신, 인간에 대한 애정, 업무에 대한 진정성 등을 필요로 했다. 한 마디의 말도, 한 구절의 글도 아주 진지하고 책임감 있게 표현하는 것이 중요했다. 전체적으로 본다면 모금에서 가장 중요한 것은 단체의 신뢰, 자금 사용의 목적, 기부절차의 용이성 등 세 가지였다.

모금전문가로 성공하기 위해서는 모금의 과학적 성격과 예술적 성격을 융합하고 효과적인 전략을 사용할 수 있는 능력이 요구된다. 그녀는 모금전문가로 활동하면서 모금을 증대할 수 있는 다양한 전략을 접할 수 있었다. 마케팅 측면에서 모금에는 4대원칙이 있다. 첫째, 요청하지 않으면 기부하지 않는다. 둘째, 돈이 있다고 해서 반드시 주는 것은 아니다. 셋째, 모금에도 20대 80의 원칙이 있다(기부자의 20%로부터 기부금의 80%가 나온다). 넷째, 기부자의 투자가치를 높여야 한다. 그런가 하면 모금의 실행과정에서는 주의를 끌고(attention), 흥미를 느끼게 하고(interest), 욕구를 불러일으키고(desire), 행동하게 하라(action)는 아이다(AIDA) 원칙도 있

> ### 모금의 10대 원칙
>
> 1. 적극적으로 요청하라. 잠재적 기부자는 주위에 널려 있다.
> 2. 거절한다고 상처받지 마라. 사람이 아니라 상품을 거절한 것이다.
> 3. 전략적으로 접근하라. 기부할 수 있는 사람에게 요청해야 한다.
> 4. 기부한 자를 중시하라. 기존 후원자가 가장 좋은 고객이다.
> 5. 아이와 청소년을 중시하라. 부모까지 고객으로 만들 수 있다.
> 6. 소액 기부자를 무시하지 마라. 단체의 힘이자 잠재적 고액 기부자이다.
> 7. 훌륭한 상품을 만들어라. 신뢰와 비전이 가장 중요한 재료이다.
> 8. 기부 방법을 쉽게 하라. 기부하는 것이 어려우면 포기해버린다.
> 9. 장기적으로 보라. 지속적인 기부를 유도하는 것이 중요하다.
> 10. 반복적으로 성취감을 주어라. 성취감이 없으면 후원자에서 이탈한다.

다. 그 외에도 기부자를 위해 개별 기부금으로 구체적으로 무엇을 하는지를 알려주고, 주어도 '우리'보다는 '당신'이라고 하는 편이 기부자의 주체성을 강화하는 데 좋다.

그녀는 모금에서 잠재적 기부자의 마음을 얻기 위해 심금을 울리는 창의적 아이디어나 문학적인 표현도 중요하다는 것을 알게 되었다. 중요한 가치를 담고 있다고 하더라도 그냥 평범한 방식으로는 사람을 움직일 수 없다. 예를 들어, 요즘 케이팝(K-Pop) 한류의 중심에 있는 아이돌 가수, 소녀시대가 단지 노래만 잘 부른다면 사람들이 그렇게 관심을 보이지 않았을 것이다. 특이한 의상과 신나는 율동을 함께 선보였기 때문에 지금의 인기를 누릴 수 있는 것이다. 모금도 마찬가지다. 미국에서 손을 다친 사람을 도와주는 시민단체가 모금을 요청하는 편지를 보낸 경우를 예로 들어보자. 손이 사람에게 왜 중요할까? 손이 없다면 보통 일상생활에서의 불편을 가장 먼저 떠올릴 것이다. 손이 없다면 물건을 들 수 없고, 글씨도 쓸 수 없고, 요즘 유행하는 스마트폰도 사용할 수 없다. 또한 밥을 먹고, 화장실을 가는 가장 기본적인 일도 버겁기가 그지없을 것이다. 그런데 이 단체는 엉뚱하게도 기부금을 요청하면서 다음 두 가지 내용을 기부편 지의 첫머리에 썼다고 한다. "첫째, 손이 없다면 우리는 소중한 사랑을 할 수 없습니다. 둘째, 손이 없다면 대화하는 데 너무 불편합니다." 사랑하는 사람과 손을 잡고, 포옹을 하고, 애무를 하고, 섹스를 하는 데 손은 반드시 필요하다. 또 사람은 입으로 말을 하지만, 자신의 의사를 표현하고 상대 를 설득하기 위해 항상 부가적으로 손짓을 한다는 것이다. 이렇게 일반 적인 생각이 아닌 허를 찌르는 발상이 모금을 할 때도 필요하다.

지영 씨는 모금전문가가 되어 모금의 기술을 공부하고 실제로 모금을 실행하면서 많은 것을 느꼈다. 가치를 팔아 다른 사람의 주머니에 있는 돈을 꺼내 온다는 것은 결코 쉬운 일이 아니었다. 그만큼 전문성이 요구 될 뿐만 아니라, 스스로 공익에 대한 분명한 철학을 바탕으로 성실하게 삶을 살아가는 자세가 필요했다. 사람을 만날 때는 타인의 인격을 존중 하고 가치관의 차이를 수용해야 할 뿐만 아니라, 사교적이고 진취적인 성격으로 쉽게 친구를 사귀고 우정을 나눌 수 있는 능력도 있어야만 했 다. 이렇게 되다 보니, 삶을 대하는 태도가 진지해졌고 항상 타인을 배려 하는 성격으로 바뀌었다. 물론 새로운 프로그램을 기획하여 실행에 들어 갈 때는 언제나 알 수 없는 두려움이 들기도 했다. 일반적인 기업이 새로운 상품을 생산하여 파는 일도 철저한 준비를 통해 이루어진다. 그런데 모금은 가치를 파는 일이라 더욱 철저한 준비와 진지한 자세가 필요했다. 그래도 사명감과 책임감을 가지고 접근한 덕분에 그만큼 계획한 성과를 달성하는 보답을 받을 수 있었다.

모금전문가의 비전

지영 씨는 그녀가 일하고 있는 모금 분야에서 월드비전에 전설과 같은 역사가 있다는 사실을 알게 되었다. 월드비전은 1991년 아프리카를 비롯하여 아시아 · 남아메리카 개발도상국의 기아를 돕기 위해 '사랑의 빵'이라는 모금 프로그램을 실시했다. 그들은 모금을 위해 작은 저금통을 수백만 개 만들어 전국의 슈퍼마켓 · 은행 · 우체국 · 식당 · 톨게이트 · 유치원 · 초등학교 등에 보냈다. 물건을 사거나 비용을 지불하고 나오는 거스름돈 동전을 모으기 위한 것이었다. 그리고 유치원과 초등학교에는 어릴 때부터 기부하는 습관을 배우자는 교육적 목적으로 저금통을 보냈다. 이렇게 해서 모은 동전이 10년 동안 자그마치 216억 원이었다. 그 어느 누구도 저 멀리 보이지 않는 곳에 있는 가난한 나라의 사람들을 돕자는 가치에 이렇게 많은 돈이 모일 줄은 몰랐다. 이 프로그램이 성공하고 나서 이 분야에 있는 사람들은 좋은 가치 아래 철저하게 기획하여 준비하면 모금이 성공할 수 있다는 확신이 생겼다. 이제 한국은 모금운동을 뒷

모금활동의 활성화 오늘날 공익증진을 위한 모금운동이 활기를 띰에 따라 모금에 남녀노소가 없고, 국경이 없어졌다. 특히 정치 지도자나 대중 스타도 모금운동에 적극적으로 참여하고 있다. 사진은 탤런트 한지민 씨가 한 시민단체의 모금운동에 참여하고 있는 모습이다(사진 자료: 정두영).

받침할 수 있는 경제적 토대와 의식적 수준에 도달한 것이다.

지영 씨는 지금 모금전문가로서 활기찬 나날을 보내고 있다. 모금전문가는 사람들에게 사회적 목적을 위한 다양한 가치를 팔아 각자가 추구하는 세계관을 실현하도록 도와주는 사람이다. 그야말로 기부자들에게 자아실현의 기회를 제공하는 보람 있는 일을 하는 것이다. 그녀는 전문능력을 인정받아 월급이 점점 올라갔고, 직무만족도도 매우 높은 편이다. 가치에 기반한 생활이다 보니 자연스럽게 직장 내에서 동료들 간의 관계도 매우 평화롭고 인간적이다. 이러한 직장생활이 가정생활로도 이어져 가족과의 대화를 중시하고 상대를 배려하는 마음이 풍부해졌다. 그야말로 마음이 부자인 생활이 된 것이다. 이것은 현대를 살아가는 모든 사람이 근대 물질문명에 취해 잠깐 잊었던 것이지만, 정신적 힘을 가진 인간이라면 누구나 갈구하는 생활이다. 그녀는 지금 정신적 존재로서 기대했던 인간적인 삶을 만끽하고 있는 것이다.

모금전문가라는 직업의 전망이 밝다는 사실도 그녀에게 희망적인 일이다. 미국과 같은 나라에서는 부자들이 앞장서서 기부를 이끈다. 록펠러와 앤드루 카네기(Andrew Carnegie)를 비롯하여 최근에는 조지 소로스(George Soros), 워런 버핏, 빌 게이츠 등이 거대한 돈을 기부했다. 기부에 참여하는 개인이 많을 뿐만 아니라 자신의 재산을 유산으로 기부하는 비중도 높다. 미국은 2005년 전체 기부에서 개인기부가 76%를, 유증이 8%를 차지한다. 나머지가 재단과 기업의 기부이다. 이렇다 보니 기부금으로 만들어진 재단이 엄청나게 많다. 2005년 미국의 재단 수는 7만 개가 넘었고, 이들의 총 자산이 5,500억 달러에 달했다. 한국은 미국에 비해 미미한 수준이지만, 그래도 시민운동의 활성화와 법률의 개정에 힘입어 2000년 이후 기부 문화가 크게 성장했다. 2002년 성인의 50%가 기부에 참여했고, 성인 1인당 평균 5만 2,000원(종교적 기부 제외)을 기부했다. 2007년에는 55%가 기부에 참여했고, 성인 1인당 평균 10만 9,000원(종교적 기부 제외)을 기부했다. 5년 만에 기부금액이 2배로 성장한 것이다. 그리고 앞으로 기부하겠다는 기부 의향자도 70%에 달했다.

세계적으로 시민사회, 혹은 비영리섹터(nonprofit sector)는 점점 확대되고 있다. 미국의 경우 국가와 시장 바깥에 있는 비영리섹터의 생산이

GDP의 7%, 전체 고용의 11%(2000년 통계)를 차지한다. 앞으로 한국도 비영리센터의 영역이 확대될 수밖에 없다. 그리고 비영리센터가 확대됨에 따라 비영리단체(nonprofit organization: NPO)도 늘어나고 그 역할이 강화될 것이다. 그렇게 되면 대학, 자선단체, 종교단체, 시민단체 등에서 모금전문가의 역할은 자연히 커지게 된다. 그리고 다른 나라의 선례를 본다면 모금에 대한 시민의식이 증대함에 따라 기부참여율이나 기부금액이 점점 늘어나게 될 것이다. 따라서 이 분야에서 전문지식을 쌓아둔다면 앞으로 커리어를 개발할 수 있는 여지가 더 많아진다고 할 수 있다.

지영 씨는 시민단체에서 모금전문가로서 경력을 쌓아 나중에 모금전문학교를 설립하는 꿈을 꾸고 있다. 일종의 중개형 시민단체가 될 수도 있고, 사회적 기업이 될 수도 있다[한국에는 휴먼 트리(Human Tree)라는 모금전문회사가 있다]. 앞으로 더욱 많은 젊은이들이 모금전문가라는 유망한 직업을 선택하기 위해 전문교육을 받으려고 할 것이다. 바로 이들에게 모금에 필요한 이론과 실제를 가르쳐주는 것이 지영 씨가 꿈꾸는 사업이다.

문화유적답사 가이드
여행에서 행복을 제조한다

여행하는 소설가

준구 씨는 대학에서 국문학을 전공했다. 그는 장래에 소설가가 되는 것이 꿈이다. 아직 프로 작가가 되지는 못했지만, 대학을 졸업하고 나서도 계속 습작을 하고 있다. 취직을 해야 하지만, 일 때문에 글을 쓸 수 있는 시간이 없어져 작가의 꿈을 포기하게 될까 봐 두렵다. 그렇다고 취직도 하지 않고 글만 쓰고 있을 수도 없다. 준구 씨와 같은 입장에 있는 사람들은 일하는 것과 글 쓰는 것을 병행하기 위해 대체로 신문사·잡지사·출판사 같은 곳에 취직한다. 이런 곳에서는 그나마 글을 계속 접하며 일할 수 있기 때문이다. 그러나 그는 대학에서 NGO강의를 들은 것이 인연이 되어 전혀 새로운 직장을 찾았다. 바로 최근 한국에서 인기를 끌고 있는 문화유적답사 가이드이다. 문화유적답사 가이드란 전국의 문화유적을 찾아 여행을 다니면서 사람들에게 문화유적에 대해 설명해주는 직업이다. 물론 국내뿐만 아니라 가끔 해외로 유적답사를 가기도 한다.

준구 씨는 문화유적답사 가이드로 일을 시작하면서 여행을 하고자 하는 사람이 크게 늘었다는 사실에 많이 놀랐다. 그야말로 이제 여행이 우리 삶의 중요한 키워드가 되었다. 이론적으로 말하면 여행의 증가는 여가 및 소득의 증대와 밀접한 관련이 있다. 한국도 다른 선진국처럼 지식경제(knowledge economy)가 발달하고 있는데, 지식경제의 특징은 노동시간을 단축시키는 것이다. 동일한 부가가치를 창출하는 데 소요되는 시간이 상대적으로 줄어들기 때문에 노동시간은 단축되고, 이는 반대로 여가시간의 연장을 가져온다. 또한 한국사회도 후근대적 특징을 많이 내포하고 있는데, 후근대에서는 근대에 비해 상대적으로 탈물질적 가치를 중시한다. 즉, 돈을 많이 버는 데 시간을 전부 투입하기보다는 돈을 조금 적게 벌더라도 시간을 만들어 여가를 즐기려고 하는 것이다. 한편 소득이 증대함에 따라 개인이 여행에 쓰는 돈도 더 많아졌다.

여가가 늘었다는 것이 개인적으로나, 사회적으로 반드시 좋은 것만은 아니다. 여가가 무력한 시간이 되거나 낭비적이고 퇴폐적인 것으로 변질될 수 있기 때문이다. 정신의학자들이 지적하듯이, 그리스로마시대 원형경기장의 사례처럼 여가가 지나치면 사회적 재난을 부를 수도 있다. 따라서 여가의 선용(善用)이 중요하다. 여가의 선용에는 여러 가지 방법이 있지만 여행도 그중의 하나이다. 물론 여가를 선용하기 위해서는 여행도 좋은 여행, 의미 있는 여행이 되어야 한다. 이를 위해서는 여행이 단순히 집을 떠나 있거나 놀러가는 것이어서는 안 된다. 그래서 요즘 일정한 주제 아래 미리 계획을 짜서 떠나는 테마여행, 계획여행이 늘고 있다. 태백산맥 종주, 섬진강 줄기 짚기, 야생화 찾기 등과 같은 여행을 예로 들 수 있다. 심지어 젊은이들 사이에는 저개발국에 가서 현지 사람들의 요구에 응답하여 봉사활동과 여행을 함께하는 착한여행, 혹은 공정여행도 확산되고 있다고 한다.

준구 씨가 소설가를 꿈꾸며 문화유적답사 가이드라는 이색적인 직업을 선택한 것은 사실 치밀한 생각 끝에 내린 결론이다. 우선 소설가가 되기 위해서는 소설이론에 대해 철저하게 공부하고, 많은 작품을 읽고, 지속적으로 습작하는 것이 중요하다. 그러나 중요한 것이 하나 더 있다. 바로 여행이다. 세계적으로 유명한 소설작품은 하나같이 그 속에 직접적이든, 간접적이든, 여행이 개입되어 있었다. 세계적으로 유명한 브라질의 작가, 파울로 코엘료(Paulo Coelho)의 명성도 산티아고 순례여행 후에 쓴 『순례자(O Diario de um Mago)』에서 시작되었다. 책이나 텔레비전 · 인터넷을 통해서는 소설에 필요한 자료와 지식을 얻는 데 한계가 있다. 새로운 세계를 찾아다니면서 직접 경험하는 것이야말로 작가의 상상력을 넓히고 호기심을 일깨우는 데 더없이 좋은 일이다. 도보여행이든, 자전거여행이든, 기차여행이든, 소설가들이 자주 여행을 다니고, 또 여행을 좋아하는 것도 이러한 이유 때문이다. 특히 문화유적을 답사하는 여행은

문화유적답사의 인기 한국도 소득이 증가하고 여가가 늘어남에 따라 문화유적을 답사하는 여행이 인기를 끌고 있다. 이것은 문화유적답사가 삶의 질 향상과 밀접한 관련이 있음을 말해준다(사진 자료: 안동민속박물관).

조상들이 남겨놓은 문화유산과 생활현장을 직접 보고 거기에 얽힌 이야기를 들을 수 있기 때문에, 소설에 필요한 살아 있는 생생한 소재를 얻는 데 도움이 된다.

문화유적답사의 운영

준구 씨는 문화유적답사 가이드로 발걸음을 내딛고 나서 여러 가지 새로운 사실을 알았다. 여행객이 늘어나고 문화유적답사 형식의 여행이 인기를 끌면서 다양한 형태의 답사가 생겨난 것이다. 우선 문화유적답사를 함께하는 동아리가 많이 생겨났다. 회사동료들이 주말에 함께 문화유적을 답사하면서 즐기는 모임이 대표적이다. 심지어 회사가 직업관련 교육이나 단체 휴가의 방식으로 직접 문화유적답사 여행을 제공하기도 했다. 그런가 하면 동창회나 향우회와 같은 일차집단에서 음식이나 먹고 술이나 마시는 과거의 방식에서 벗어나 문화유적답사의 형식으로 새로운 모임을 하기도 했다. 문화유적답사 송년모임 같은 것도 생겨났다. 또한 정부에서도 문화유적답사에 커다란 관심을 보이고 투자하기 시작했다. 예를 들어, 중앙정부의 문화재청은 문화유적을 개발하는 것뿐만 아니라, 답사를 하는 데도 상당한 재정을 지원하고 있었다. 그리고 지방정부는 각기 자기 지방의 문화유적을 알리기 위해 시민단체와 공동으로 문화유적답사 프로그램을 운영하고 있었다.

그가 소속된 단체는 문화유적답사를 전문으로 하는 NGO이다. NGO 중에서도 '한 문화제 한 지킴이'라는 전국적 네트워크의 연대체에 소속되어 있다. 따라서 일종의 기업 형식의 사업체라기보다는 문화유적답사를 즐기는 사람들이 자발적으로 모인 시민단체(NGO)였다. 시민단체에서는 회원들이 답사를 직접 주관하는 데 한계가 있기 때문에 상근자가 답사를 기획하고 프로그램을 진행하는 매개 역할을 한다. 그는 바로 그런 역할을 하는 활동가이다. 다른 시민단체와 마찬가지로 준구 씨의 월급은 많지 않다. 신입 활동가의 월급이 150만 원을 넘지 않는다. 그러나 그는 이 일을 좋아한다. 우선 그의 직업은 소설가, 특히 역사소설 장르에서 대작을 쓰고 싶은 그의 꿈과 잘 맞아떨어진다. 문화유적에 대해 공부하고 회원들과 이곳저곳 답사를 다니는 일은 작품의 소재를 찾는 그에게 안성맞춤이다. 그리고 하는 일이 그야말로 여행을 다니면서 유적지를 안내하는 것이므로 업무 스트레스를 크게 받지 않고 짬짬이 독서할 시간도 마련할 수 있다. 회원들이 그의 도움으로 질 높은 문화유적답사를 하면서 즐거워하는 것을 보며 보람도 느낀다. 이 분야는 이데올로기가 크게 개입하지 않는, 일종의 여행모임이라는 점에서 회원들 간의 유대관계도 아주 좋다.

그가 소속된 시민단체가 진행하는 답사에는 여러 형식이 있다. 주중에는 주로 1일 코스로 서울과 서울 근교의 문화유적을 답사하러 간다. 대부분의 사람들은 단순히 나들이를 가거나 가볍게 소풍을 가기 때문에 잘 모르지만, 사실 서울 주변에도 수많은 문화유적이 있다. 그냥 지나쳤던 고궁·성·건축물·조각품 등도 문화유적답사로 가서 보면 새로운 빛깔로 다가오게 된다. 그만큼 방문의 의미가 커지는 것이다. 주말에는 1박 2일 또는 2박 3일 형태로 지방에 있는 문화유적을 답사하러 간다. 매회 새로운 곳을 찾아가기 때문에 회원들은 또 무엇을 보게 될까, 어떤 이야기를 듣게 될까 하는 호기심에 가슴이 설렌다. 새로운 곳을 찾아갈 때는 전문가의 조언을 구하고, 지방으로 갈 때는 그 지방의 문화유적 연구소나 지방 NGO와 네트워크를 구축하여 도움을 받는다. 그리고 1년에 몇 번씩 해외로 문화유적을 답사하러 가기도 한다. 아직은 일본과 중국이 주축이지만, 점차 동남아시아와 중앙아시아 국가들로 확대해가고 있고,

〈표 7-1〉 문화유적답사 프로그램 운영

제목	주요 내용
기획	방문지, 일정, 참여자 수, 교통수단, 비용을 확정
참여자 모집	답사에 대한 홍보 및 회원 또는 비회원 중에서 참여자 모집
유적내용 파악	방문하는 유적의 역사, 문화, 스토리를 수집 · 가공
답사진행	현장에서 답사를 진행하고 고객의 요구에 응답
평가	답사에 대한 평가를 통해 다음 번 답사에 반영

앞으로 유럽과 아메리카 쪽으로도 확장해갈 예정이다.

문화유적을 답사하는 NGO에서는 단체 회원의 모집, 프로그램의 기획, 회원관리, 수익모델의 개발이 중요하다. 사실 다른 많은 NGO들은 회원모집부터 시작하여 재정확보까지 상당한 어려움을 겪고 있다. 이에 비해 문화유적답사를 목적으로 하는 NGO는 이 분야에 대한 사람들의 관심이 크게 증가하고 있어서 회원모집이 상대적으로 쉽고, 주로 답사여행을 하는 프로그램이어서 회원관리도 크게 어렵지 않다. 그리고 회원들이 서비스요금을 내고 정부지원금도 받을 수 있을 뿐만 아니라, 독지가의 후원금도 심심찮게 들어오기 때문에 재정확보도 상대적으로 수월하다. 구체적으로 답사 프로그램을 진행하는 데는 답사기획, 참여자의 모집, 유적내용의 파악 등이 중요하다. 그가 속한 단체도 처음에는 어려움이 많았다. 그러나 답사가 계속되고 자료가 하나하나 축적되면서 전국의 문화유적 편재와 분야별 유적분류가 정리되어 일이 체계화되었다. 그리고 유적의 내용을 파악하는 경로를 알게 되고, 지방정부 혹은 다른 단체와의 네트워크도 구축되어 가면서 일이 점차 쉬워졌다.

커리어 개발의 비전

준구 씨가 문화유적답사 가이드를 하면서 특히 신경을 쓰는 부분은 문화유적에 대한 공부다. 현장에서 문화유적을 설명하는 것은 그의 업무이기도 하지만, 문화유적에 대한 지식은 그의 역사소설을 쓰는 데 중요한 자료가 되기도 했다. 그리고 그는 소설뿐만 아니라 문화유적답사로 여행기를 쓰고 싶은 생각도 있다. 그래서 역사 · 문화 · 예술 분야의 전문서적을 통해 특정한 영역의 문화유적에 대한 내용을 체계적으로 정리하는 데 열심이다. 물론 유적이 있는 지역에 살고 있는 노인들로부터 잘 알려지지 않았던 야사(野史)나 은밀한 스토리를 개발하는 데도 힘을 쏟고 있다. 새로운 이야기를 발견할 때는 크게 흥분하기도 한다. 새로 발견한 내용을 현장답사 때 회원들에게 들려주는 묘미도 있지만, 그런 내용이 곧 그가 쓰고자 하는 책의 주요 내용이기 때문이다. 특히 그는 북한과 북한 주변의 중국 · 러시아에 흩어져 있는 한국문화유적에 대한 공부에 열을 올리고 있다. 남북관계가 개선되어 상호 간의 왕래가 잦아지면 북한의 문화유적답사에 대한 수요가 폭발적으로 늘어날 것이라고 예상하기 때문이다.

준구 씨는 문화유적답사 가이드로 활동하면서 자신의 커리어 개발에도 희망이 생겼다. 그는 지금 하고 있는 문화유적답사 NGO의 상근자로서 일정한 지식과 경험이 축적되면, 문화유적답사를 하는 NGO를 하나 설립하여 직접 운영해볼 생각이다. 특히 문화유적답사를 하나의 사회적

어린이 문화유적답사　문화유적답사는 어린이들의 인성교육과 호기심 자극에도 매우 좋다. 특히 주5일제 수업이 정착된 이후 어린이나 가족 단위의 문화유적답사가 인기를 끌고 있다.

기업으로 만들어보는 것도 구상하고 있다. 그렇게 되면 2년 간 정부로부터 최고 20억 원의 사회적 기업 정책지원금도 받을 수 있다. 물론 정부에서도 정책적으로 문화유적 홍보를 중시하고 있기 때문에 앞으로 한국관광공사나 문화재청을 비롯하여 정부조직에 경력직으로 진출할 수 있는 기회도 많을 것이다. 문화유적답사 프로그램을 직접 운영한다면 새로운 방식으로 접근할 아이디어도 있다. 그가 지금 염두에 두고 있는 것은 가족 단위의 문화유적답사이다. 특히 학교에서 주5일제가 실시되면서 가족 단위의 수요가 많아졌다고 본다.

　문화유적답사는 다른 영역의 시민운동이나 사회적 기업과는 달리 가족 단위의 참여가 용이하다. 가족이 함께 여행하면서 문화유적을 감상하고 공부하는 즐거움을 누릴 수 있기 때문이다. 특히 부모들이 좋아할 수밖에 없다. 가족 단위의 문화유적 답사여행은 아이들의 교육에도 유익할 뿐만 아니라, 긍정적 정서와 인성을 기르는 데도 좋기 때문이다. 최근 사회적 문제가 되고 있는 학교폭력도 아이들이 매일 도시생활 속에서 경쟁에 시달리고 있는 것과 밀접한 관련이 있다. 아이들이 일상적인 생활공간을 떠나 자연을 접하고 여행을 하는 것이 학교폭력 문제에 대한 하나의 대책이 될 수도 있다. 그리고 이 과정에서 가족구성원들 간의 대화도 늘어나고 유대도 깊어질 수 있다. 그는 찾아가는 어린이 문화유적답사도 기획하고 있다. 그 지역의 초등학교나 중등학교를 직접 방문해 동영상과 사진을 활용해 지역 문화유적에 대해 강의하는 것이다. 앞으로 각종 학교에서 자기 고장을 이해하려는 이러한 강의가 확대될 것으로 그는 전망하고 있다.

체험과 스토리의 묘미

준구 씨는 문화유적답사 가이드로 일하면서 문화유적답사의 의미를 파악하고 개발하는 데도 관심을 쏟고 있다. 문화유적답사는 테마여행이자 여가 선용의 방법으로 좋은 것이지만, 단순히 여행이나 여가 활용만으로 끝나는 것도 아니다. 원래 문화란 그 사회구성원의 지식·신념·행위를 포함하는 생활의 총체를 말한다. 따라서 문화에는 한 사회가 습득하고 전달해온 종교·예술·과학·도덕·법률·관습 등이 모두 들어 있다. 이런 점에서 문화유적답사는 참가자들에게 그들이 속한 문명과 사회가 지닌 생활방식의 역사를 직접 목격할 수 있게 한다. 특히 자신의 조상들이 살았던 삶의 방식을 보면서 사유를 확장하고 성찰할 수 있는 기회를 얻을 수 있다. 이런 점에서 배부른 것만 지향하는 돼지와는 달리, 고도의 정신능력으로 문화생활을 지향하는 인간은 문화유적답사를 통해 삶의 질을 높일 수 있다.

문화유적답사가 삶의 질을 높이는 데 기여하기 위해서는 단지 보고, 듣는 것에만 그쳐서는 안 된다. 문화유적답사가 의미 있는 여행이 되기 위해서는 그 속에 체험이 들어 있어야 한다. 이것은 준구 씨가 문화유적답사 가이드를 하면서 내내 느꼈던 것이다. 체험이란 현대사회에서 더욱 강조되고 있는 생활습성이다. 체험은 근대 자본주의체제의 핵심을 이루는 소유와 소비에 대한 반발로서 후근대적인 요소를 내포하고 있기 때문이다. 소유는 삶을 즐기는 것이 아니라 삶을 수단으로 삼기 때문에 궁극적으로 주체의 소멸로 이어져 소외를 초래한다. 그리고 소비는 사치품의 구매에서 잘 드러나는 것처럼, 인간을 기호의 질서에 가두기 때문에 왜곡된 사고를 낳는다. 이에 비해 체험은 스스로 삶의 주체로서 무엇을 기억하고, 누구와 연결하고, 어떤 것을 창조하도록 유도한다. 그래서 인간은 체험을 통해 자신의 감정을 실질적으로 투입하고 삶의 구체성을 주체적으로 경험할 수 있다.

체험의 이러한 가치 때문에 문화유적답사에서 직접 도자기를 만들고, 탑을 쌓고, 방아를 찧고, 붓글씨를 쓰고, 말을 타는 프로그램 등이 점점 강조되고 있다. 준구 씨는 문화유적답사를 안내하면서 체험 프로그램이 점점 늘어나는 것을 직접 목격할 수 있었다. 예를 들어, 독배를 마신 선비의 초가집에 가서 직접 독배를 마시고 죽음을 체험하는 프로그램이 있다. 독약 대신에 시커먼 콜라라도 한잔 마시고 실제로 관(棺)에 들어갔다 나오면 사람들의 생각은 달라진다. 컴컴한 관 속에서 단 5분이라도 있어보면 살아 있다는 것이 얼마나 소중한가를 깨닫게 된다. 이렇게 인간의 삶에서 체험의 가치란 매우 중요하다. 물론 인간은 사고나 태도의 전환만으로도 많은 것을 얻을 수 있다. 그러나 직접 종교적 수행을 하고, 상대방과 대화하고, 예술을 실행하는 체험은 사고나 태도의 전환으로는 얻을 수 없는 중요한 가치를 선사한다. 이러한 체험 가치가 바로 인류문명에서 찬란하게 빛난 창조적 문화유산의 기초가 되었던 것이다. 그런데 문화유산답사를 통해 이러한 체험을 할 수 있다면, 여행은 더욱 빛날 수 있다.

준구 씨는 문화유적답사를 안내하고 공부하면서 그것에 부여된 또 다른 묘미가 바로 스토리의 개발임을 알게 되었다. 사실 이야기는 인간만이 할 수 있는 것으로 인간에게는 본질적으로 이야기하는 습성이 있다. 인간은 사유하는 존재이지만 사유보다는 감정이 우선하는 동물이라고 할 수 있다. 스토리텔링은 바로 이야기를 좋아하는 이러한 인간의 감성을 염두에 두고 문화유적에 이야기를 입혀서 방문객에게 들려주는 것이다. 문화유적을 답사하면서 그것에 얽힌 이야기를 듣는다면, 여행을 더

이야기가 있는 문화유적답사 똑같은 문화유적이라도 그것에 얽힌 스토리를 알면 답사의 가치가 몇 배로 증가한다. 문화유적에 대한 연구와 가이드로 유명한 유홍준 교수가 백제 문화유적에 대해 설명하고 있다.

욱 깊게 즐길 수 있다. 강원도 춘천에 있는 내륙섬인 남이섬의 경우를 살펴보면, 그 이름에서 알 수 있듯이 이 섬에는 남이장군의 묘소는 물론, 남이 장군에 얽힌 스토리도 많다. 그렇다고 해도 남이섬은 밤나무 숲과 넓은 잔디밭이 이어져 있는 그냥 평범한 하나의 섬일 뿐이었다. 그런데 이섬에서 촬영한 드라마 <겨울연가>가 방영된 이후 상황이 달라졌다. 사람들은 마치 드라마에 나오는 주인공처럼 남이섬의 숲길을 거닐어보고 싶어 한다. 특히 <겨울연가>가 큰 인기를 얻은 일본에는 <겨울연가>의 추억이 있는 남이섬에 오고 싶어 하는 사람들이 수없이 많다.

　준구 씨는 스토리의 개발을 일종의 문화유적답사의 질적 발전으로 보았다. 단순히 문화유적을 방문하여 보는 것에서 벗어나, 그곳에 얽힌 이야기를 듣고 싶어 하는 사람의 본성을 노려 문화유적 답사여행을 질적으로 향상시키는 것이다. 실제로 문화유적을 답사하는 사람들이 그 유적에 얽힌 이야기를 들으면 공감이 형성되어 이야기 속에 자신의 감정을 투입한다. 이렇게 되면 주관과 객관의 경계가 희미해지면서 양자 간의 융합이 일어난다. 이러한 과정을 통해 정체성 변화를 겪고, 마치 자신이 그 스토리의 주인공이 된 듯한 기분에 빠져든다. 물론 이러한 정체성의 변화는 단순히 사건의 간접 체험이라는 차원에서 끝나지 않는다. 그것은 자신의 삶을 되돌아보고 일정한 교훈을 얻는 교육적 효과도 제공한다. 문화유적답사에서 스토리텔링이 중요한 것도 바로 이러한 성찰과 교육의 효과가 있기 때문이다.

그는 문화유적답사에서 스토리텔링의 의미를 알고 나서부터 정부가 직접 나서 스토리텔링을 개발하는 데 적극적으로 투자하는 이유도 이해하게 되었다. 그가 조사한 바에 의하면, 제주도에서는 지금 올레길이 유명하다. 많은 사람들이 올레길을 걸어보기 위해 제주도를 찾는다. 그러나 제주도는 여기에 만족하지 않고 올레길을 세계적인 관광상품으로 만들기 위해 올레길에 얽힌 이야기를 발굴하고 이를 콘텐츠화하는 작업을 하고 있다. 제주도청은 2010년에 시작하여 3년간 올레길의 스토리텔링 콘텐츠 개발사업에 22억 원을 투자하고 있다. 예를 들어, 제주도 올레길에서 추사 김정희의 유배길은, 관광객들이 단순히 이 길을 걷는 것이 아니라 추사의 심정으로, 추사의 향기를 느끼면서 추사가 유배를 떠났던 길을 걸어보는 것이다. 이를 위해 정부가 주도하여 추사의 유배길에 얽힌 다양한 이야기를 발굴하여 관광객에게 제공하려는 것이다.

준구 씨는 대학졸업 후 갈 수 있는 다양한 직업의 진로 중에서 문화유적답사 가이드를 선택한 것을 결코 후회하지 않는다. 비록 수입은 또래 친구들에 비해 적지만, 그는 지역별·영역별 문화유적답사에 대해 책을 집필하는 것, 그의 꿈인 역사소설을 쓰는 것, 그리고 정부의 문화유적답사 정책전문가로 커리어를 개발하는 것, 나아가 직접 문화유적답사 NGO나 사회적 기업을 설립하여 운영해보는 것 등의 여러 가지 비전으로 희망에 부풀어 있다. 특히 그는 이 직업을 통해 끊임없이 새로운 것을 발굴하고 그것에 필요한 지식을 적극적으로 배울 수 있어서, 이러한 역동적인 업무가 자기 계발에도 유익하다고 생각한다. 그 무엇보다도 문화유적답사라고 하는 문화적 행위로 사람들을 인도하고, 사람들과 서로 소통하며, 사람들에게 기쁨을 주는 일을 그는 즐기고 있다.

다큐멘터리 문화전파사
사회적 의미를 담은 문화를 전파한다

영화감독의 꿈

지원 씨는 여성으로서는 드물게 대학에서 공학을 전공했다. 요즘은 공과대학에도 여성이 적지 않고, 졸업 후 취직에서도 여성이 반드시 불리한 것만은 아니다. 그래도 여전히 여성은 엔지니어의 커리어를 개발해 가는 데 상대적으로 어려운 처지에 있다. 꼭 여성 공학도의 앞날이 어둡기 때문에 회피한 것은 아니지만, 그녀는 졸업 후 엔지니어의 꿈을 접고 새로운 길로 들어섰다. 다큐멘터리 영화감독이 된 것이다. 그녀는 대학에 다닐 때도 전공과는 관계없이 영화를 보는 것에서 시작하여 영화제 참여, 영화촬영 견학, 독립영화 제작에 큰 관심이 있었다. 그야말로 영화감독이 되는 것이 그녀의 꿈이었다. 그 꿈을 키우기 위해 그녀는 대학에서 인문학 공부도 열심히 했다. 그리고 취미 삼아 자연경관이나 사회현상을 캠코더로 촬영하기도 했다.

그녀가 상업영화가 아닌 다큐멘터리 영화에 매력을 느낀 것은 <아마존의 눈물>, <워낭소리>, <송환>, <울지마 톤즈>처럼 대중적으로 큰 인기를 끈 다큐멘터리 영화를 보고 나서부터다. 물론 이런 영화는 여러 사람이 몇 년 간에 걸쳐 많은 돈을 투자하여 완성한 것이다. 그렇다고 하더라도 원시밀림에서 살아가는 원주민, 늙은 소와 함께 농사를 짓는 촌로, 자신의 이데올로기를 관철한 이방인, 아프리카 오지에서 의료봉사활동을 하는 신부의 모습을 아주 내밀하고 진솔하게 담아내고 있었다. 그 속에는 상업영화에서 느낄 수 없는 인간 삶의 사실성과 진정성이 그대로 묻어났다. 특히 다큐멘터리 영화는 그 주제가 방대하다는 이점이 있다. 인간이 살아가는 세계 그 자체가 바로 영화의 주제이자 소재였다. 그녀는 대학에 다닐 때 동네 놀이터에서 노는 결손가정 아이들과 하루 동안 같이 지내면서 동영상을 찍어본 일이 있다. 동네에서 무심코 지나쳤던 장면도 하나의 좋은 다큐멘터리 영화가 될 수 있다는 것을 그때 실감했다.

상업영화는 아무리 좋은 주제가 있어도 흥행할 가능성이 없으면 시도하기가 어렵다. 이에 비해 다큐멘터리 영화는 인간이 살아가는 삶의 단면을 드러내고, 선전하고, 가르치는 것이 목적이기 때문에 이러한 제약에서 상대적으로 자유롭다('documentary'의 어원인 'document'는 원래 선전하다, 가르치다라는 의미이다). 그리고 사회적 약자, 소수자, 나아가 그동안 드

다큐멘터리 영화 〈울지마 톤즈〉 이태석 신부는 아프리카 남수단의 작은 마을 톤즈에서 일생 동안 선교·교육·의료봉사활동을 하면서도 정작 자신이 말기암이라는 것을 알지 못하고 병으로 죽었다. 그의 일대기를 그린 다큐멘터리는 많은 사람들에게 감동을 주었다(사진 자료: 살레시오 수도회).

러나지 않았던 삶의 은밀한 영역 등의 상업영화가 접근하기 어려운 문제도 자유롭게 다룰 수 있다는 이점이 있다. 또한 점점 오락 중심으로 변해가는 상업영화의 한계를 넘어 현장답사·심층취재·의미해석과 같은 과정을 통해 인간의 삶에 방향을 제시하고 교훈을 주는 점도 좋았다. 물론 미디어 기술이 발달함에 따라 촬영기기의 비용도 크게 낮아졌다. 심지어 작은 캠코더나 스마트폰으로도 촬영이 가능하다. 나아가 사회분화에 맞추어 영화도 분화되고 있는데, 최근에는 다큐멘터리 마니아(mania)도 생겼고 영화제도 크게 인기를 끌고 있다. 그런가 하면, 다큐멘터리 영화는 공공재적 성격이 강해서 이에 대한 정부나 공익재단의 지원과 수요도 늘어나고 있다.

　다큐멘터리 영화의 이러한 장점에도 막상 회사를 차리고 영화제작에 들어간다는 것은 쉽지 않았다. 영화를 제작한다는 것은 주제 선정, 시나리오 작성, 제작자본 확보, 촬영, 편집, 판로 개척 등의 여러 가지 조건이 갖추어져야 가능한 것이었다. 그런데 지원 씨에게 기회가 찾아왔다. 그녀가 대학시절 영화와 관련된 여러 행사를 쫓아다니다가 알게 된 방송국의 프로듀서(PD)가 조기퇴직을 한 후 프리랜서로 활동하던 참에, 그녀에게 다큐멘터리 촬영에 동참해달라는 요청을 한 것이다. 그는 방송통신위원회에서 주최하는 공익콘텐츠 제작지원 프로그램에 당선되어 2억 원의 지원금을 받았고, 막 제작을 시작하려던 참이었다. 그 덕분에 지원 씨도 파키스탄의 아동착취 노동에 대한 3부작 다큐멘터리를 제작하는 데 조감독의 역할로 참여하게 되었다.

파키스탄에서의 경험

　지원 씨는 6개월 예정으로 파키스탄으로 떠났다. 파키스탄은 그녀가 처음 가보는 나라였다. 인도와 국경을 접하고 있는 남아시아의 파키스탄은 1948년 종교분쟁으로 인도로부터 분리된 나라다. 지금까지도 양국 간에는 종교적 대립과 영토분쟁으로 긴장이 팽팽하다. 그런가 하면, 최근에는 국경을 접하고 있는 아프가니스탄의 탈레반이 테러를 감행하는 바람에 사회적으로 불안하기도 하다. 주산업이 농업과 농가공업인 데다가 공업에서도 노동집약적인 섬유산업이 주종을 이루고 있어서 아직 산업이 발달하지 못했다. 인구는 1억 7,000만 명에 달하는 대국이지만, 아직도 연간 개인소득이 1,000달러(2010년 통계)에 머물고 있는 저개발국이다.

저개발국이다 보니 노동환경이 열악할 수밖에 없다. 파키스탄에서는 일자리를 구하기가 힘들 뿐만 아니라, 노동자의 권리도 제대로 보호받지 못하고 있다. 이러한 상황에서 아동의 강제노동과 노동착취가 커다란 사회문제가 되고 있다. 그러나 정부는 적극적으로 문제를 해결하려고 하지 않는다. 심지어 경찰은 수공업자나 공장의 사장과 한통속이 되어 아동권리를 억압하는 데 일조하고 있다. 어린이들은 화학물이나 살충제와 같은 위험물에 노출될 뿐만 아니라, 주로 수공업형태를 띠고 있는 소규모 공장의 나쁜 노동환경 속에서 건강을 위협받고 있다. 이런 상황에서 대부분의 어린이들은 학교교육을 제대로 받지 못한 채 장시간 노동에 시달리고 있다. 심지어 대부분은 강제노동이기 때문에 갖가지 폭력이 난무하고 살해의 위협도 도사리고 있다.

지원 씨 일행은 파키스탄에서 아동착취 노동현장을 촬영하면서 알라흐라는 소년의 비애를 알게 되었다. 알라흐는 올해 16세로, 12세 때 카펫공장으로 팔려 와서 강제노동을 당하고 있었다. 아버지는 아파서 누워 있고 생활고에 시달린 어머니가 진 빚 때문에 교육도 받지 못한 채 강제노동의 희생물이 된 것이다. 소년은 일주일 내내 쉬는 날도 없이 하루

축구공 꿰매는 파키스탄 아이 우리가 사용하는 축구공의 대부분은 저개발국의 아동들이 만든 것이다. 이 아동들은 교육받을 기회도 상실한 채 열악한 작업장에서 장시간 노동에 시달리면서 제대로 임금도 받지 못하고 있다.

14~15시간 일하지만, 일당은 5달러(약 6,000원)밖에 안 된다. 일당에서 이자와 생활비를 제하고 나면 남는 돈이 없기 때문에 빚은 갈수록 늘어만 간다. 따라서 현재로서는 빚을 갚고 자유로운 몸이 될 가능성이 희박하다. 물론 파키스탄에서도 이러한 강제노동은 불법이다. 그리고 유엔이 감시활동을 하기도 한다. 그러나 공장주들은 견고한 카르텔을 만들어 정부나 유엔의 감시를 피하거나 방해하고 있었다.

아동노동 착취도 문제지만, 그중에서도 특히 여자 어린이의 노동문제가 더욱 심각했다. 지원 씨는 같은 여성으로서 먼 타국 땅에서 여성들이 당하고 있는 희생이 남의 일처럼 보이지 않았다. 여자 어린이는 건강에 나쁜 노동환경뿐만 아니라 성폭행의 위협에 항상 시달리고 있었다. 팔려와서 강제노동을 당하는 여자 어린이들이 성폭행을 당해 임신을 하고 아이까지 낳는 경우도 허다했다. 그럼에도 노동을 거부하거나 공장문 밖으로 나갈 수가 없었다. 더구나 이슬람문화에서는 설사 자유의 몸이 되어 공장문을 나선다고 하더라도 아이를 안고 가족의 품으로 돌아갈 수도 없었다. 그야말로 여성들은 이중의 고통을 당하는 셈이다.

그녀는 하늘을 쳐다보며 탄식했다. 이 문제를 어떻게 해결할 것인가? 자신은 지금 무엇을 해야 하는가? 파키스탄에서 촬영을 진행하면서 한편으로는 분노하고, 다른 한편으로 안타깝기 그지없었지만, 그녀는 무엇보다 아무것도 할 수 없는 무력한 자신이 원망스러웠다. 더구나 유엔의 발표에 의하면, 파키스탄뿐만 아니라 인도·네팔·라오스·필리핀·인도네시아·중국 등의 아시아 저개발국에서는 18세 미만 아동의 강제노동이 횡행하고 있으며, 전 세계에 강제노동을 당하는 어린이가 2억 5,000만 명(그중에서 3분의 2가 아시아 저개발국에 속한다)에 달한다고 한다. 매년 강제노역에 팔려가는 어린이가 570만 명, 성매매산업에서 착취되는 여자 어린이가 180만 명, 그리고 강제노역장에서 죽는 어린이가 2만 명에 달한다. 다큐멘터리가 인간이 살아가는 모습을 기록하는 것이라는 사실은 이미 알고 있었지만, 실제로 현장상황을 보고서야 지원 씨는 다큐멘터리의 사회적 중요성을 다시 한 번 체감할 수 있었다. 현재로서 그녀가 할 수 있는 최선의 일은 이러한 현장의 실상을 세상 사람들에게 전하는 것이었다. 그리고 다행히도 촬영에 협조해준 알라흐의 빚을 갚아 그를 집으로 돌려보낼 수 있었다.

다큐멘터리 영화의 미학

지원 씨는 6개월 예정을 1개월 넘겨 7개월 간 파키스탄에서 아동착취 노동현장을 취재하고 돌아왔다. 그녀가 만든 영화는 매우 시사적인 것이어서 학교나 노동조합뿐만 아니라, 텔레비전에서도 방송되었다. 그리고 국제사회 노동계와 여성계에도 제출했다. 이후 그녀는 또다시 조감독의 신분으로 세계적으로 유명한 협동조합의 현장을 촬영했다. 그래서 알프스 산맥이 올려다보이고 아디제 강이 내려다보이는 이탈리아 북부의 트렌토(Trento) 협동조합연맹을 다녀왔다. 그리고 일본의 효고현에 있는 이타미(伊丹) 노동자협동조합(work's coop)도 다녀왔다. 그녀는 다큐멘터리 영화로 만들 수 있는 영역이 너무나 다양하다는 것을 재차 실감했다. 협동조합에 관한 다큐멘터리 영화를 만든 이후에도 그녀는 2년 동안 인권·평화·환경·공동체·여성권리 등에 대한 다큐멘터리를 제작했다. 이후 그녀는 독립하여 자신의 작은 영화사를 차리고 제작자이자 감독으로 나섰다.

명실상부한 영화감독으로 자신의 사업을 시작하면서 지원 씨는 근본적인 질문을 던졌다. 지금 다큐멘터리 영화를 제작하려는 자신은 누구인가? 어디에서 왔다가 어디로 가는가? 그리고 어느 정도의 힘과 잠재력이 있는가? 사회를 어떻게 인식하고 그 속에서 어떤 역할을 해야 하는가? 바로 실존의 근원에 대한 질문이었다. 그것은 다큐멘터리 영화감독이기 이전에 한 인간으로서 던져야 하는 물음이기도 했다. 그녀가 지난 몇 년 간

다큐멘터리 영화를 만들면서 보아온 것은 인간이 살아가는 삶 바로 그 자체였다. 그 과정에서 그녀는 많은 것을 목격하고 느꼈다. 그리고 실존의 중요한 요소를 깨달았다. 그것은 바로 다른 사람의 일에 공감하고 서로 소통하여 직간접적인 관계를 맺고서 일정한 책임을 이행하는 것이, 자신의 정체성에서 매우 중요하다는 사실이다. 다시 말해 한 인간의 존엄은 자신이 속해 있는 사회에서 자기 고유의 역할을 통해 사회의 발전에 기여할 때, 그 빛을 발한다는 것이다.

다큐멘터리는 가치 있는 인물·사건·장소·제도 등에 대한 일종의 기록물이다. 원래는 정치적 사건이나 사회현상을 기록하고 전달하기 위해 시작했지만, 오늘날에는 인간이 살아가는 삶의 모든 것을 대상으로 한다. 다큐멘터리의 특징은 무엇보다도 허구가 아닌 현실의 모습을 그대로 생생하게 묘사하고 전달하는 데 있다. 특히 인간의 삶에 중요하고 의미 있으면서도, 아직 세상 사람들에게 알려지지 않은 것을 기록하고 노출한다. 이 과정에서 사람들을 이해시키고, 계몽하고, 설득하고, 인도한다. 그만큼 다큐멘터리는 공공재적 성격을 강하게 띠고 있다. 물론 제작자가 과도하게 자신의 가치를 개입하여 현실을 왜곡할 수도 있다. 사실 역사상 그런 경우가 많았고, 독재정권하에서는 흔히 정치적으로 다큐멘터리가 이용되기도 한다. 하지만 다큐멘터리에서 해석을 내리는 주체는 기본적으로 관객이어야 한다. 관객이 시청하고 사유함으로써 스스로 삶의 의미를 발견하고 감동을 느끼도록 하는 것이다. 다큐멘터리의 이러한 성격 때문에 그녀는 다큐멘터리의 제작이 사회발전에 크게 기여할 수 있다고 보았다.

지원 씨는 다큐멘터리 영화감독이 되어 세상 사람들이 알아야 하면서도 알지 못하고 있는 사실, 기록·노출·공유의 가치가 있으면서도 아직 다른 사람이 시도하지 않았던 분야에 도전했다. 그녀의 관심 분야는 소수자·난치성환자·세계시민 등과 같이 지금까지 크게 가시화되지 않았던 분야이다. 그런 분야에서도 그녀의 주 관심 주제는 삶을 살아가는 주체인 사람과 이들이 다른 사람 혹은 대상과 맺는 연대였다. 그래서 사랑·우정·봉사·희생 등과 같은, 매우 추상적인 주제를 통해 인간이 특정 상황에서 어떤 행동을 하고, 인간적인 유대를 어떻게 형성하며, 그것이 인간의 삶에 무슨 의미가 있는지 추적했다. 또한 은둔·고독·권태 속에서 살아가는 삶과 그 속에서 절실히 필요한 형제와 이웃의 의미를 발견하고자 했다.

소수자로서 그녀가 다룬 대상은 병역거부자였다. 병역거부는 주로 특정종교에서 연유한 양심적 거부로서 일종의 평화를 향한 신념에서 비롯된 것이다. 그런데 한국 사람들은 흔히 양심적 병역거부를 이기주의적 행위로 생각한다. 동족 간에 피비린내 나는 전쟁을 치르고 지금도 냉전의 와중에 있는 한국의 상황 때문에 더욱 그러하다. 그러나 총을 드는 것을 거부할 뿐, 그에 상응하는 국민의 의무를 행할 의사가 있다는 점에서 병역거부는 이기주의적인 행동이 아니다. 그리고 전문가들의 시뮬레이션(simulation)에서도 병역거부가 다른 사람의 병역거부로 이어지는 도미노 효과(domino effect)를 초래하지 않은 것으로 나타났다. 그런데도 많은

에이즈를 이겨낸 농구선수 미국의 전설적 농구선수인 매직 존슨(Earvin ‘Magic’ Johnson Jr.)은 1991년 자신의 에이즈 감염사실을 발표했다. 이후 세상의 편견과 몸의 질병에 대한 그의 투쟁을 그린 영화 <발표(The Announcement)>는 세상 사람들과 에이즈 환자에게 여러 가지를 시사해주었다.

사람들에게는 병역거부자에 대한 편견이 존재하고, 국가는 이를 정책의 제로 받아들이지 않고 간단하게 무시해버린다. 그녀는 이에 대한 다큐멘터리를 제작해 병역거부자의 정확한 의사를 드러내고, 잘못된 편견이 어떻게 조성되는지를 밝혔다.

난치성환자 중에서는 에이즈 환자를 다루었다. 에이즈(AIDS)는 아프리카에서는 흔한 병이지만, 한국에서는 6,000여 명이 앓고 있는 난치병이다. 에이즈는 아직도 치료법이 개발되지 않아 많은 사람들이 두려워하는 병이다. 그러나 신체적 접촉이나 물건의 공동사용을 통해서는 거의 전염되지 않는다. 그런데도 사람들은 에이즈 환자를 마치 전염병 환자처럼 생각해서 피하고, 정부도 환자의 권리보다는 통제에 초점을 두고 있다. 다른 병과 마찬가지로 에이즈에 걸린 사람도 보통사람과 동일한 정체성을 지닌 채 살아간다. 그리고 요즘에는 의학이 발달하여 자기관리만 잘하면 극복할 수 있는 질병이기도 하다. 에이즈 환자들이 두려워하는 것은 서서히 쇠퇴해가는 몸이 아니라, 자신을 바라보는 세상 사람들의 편견이었다. 그녀는 이에 대한 다큐멘터리 제작을 통해 에이즈라는 질병의 본질, 에이즈 환자의 소망, 그리고 정부의 에이즈 관리정책의 문제점 등을 드러냈다.

　세계시민을 조명한 다큐멘터리에서는 국제봉사활동을 다루었다. 국민국가 체제 속에서 살아가는 현대인은 특정 국가의 국민으로서 정체성을 지니고 있다. 그러나 인류가 민족을 단위로 하여 민족국가 혹은 국민국가를 만든 것은 그리 오래되지 않았다. 인류역사 전체로 본다면 그것은 역사의 1%에도 해당되지 않는다. 그리고 우주적 존재로서의 인간 본질에서 본다면 국경을 경계로 하여 서로 싸우고, 경쟁하고, 꺼리는 것은 아무런 의미가 없다. 국경이란 그야말로 지도상의 하나의 선일 뿐이다. 그런데도 국경에 초소를 만들고, 총을 들고 출입을 막는 것은 인류가 궁극적으로 지향하는 문명의 모습이 아니다. 국경을 넘어 봉사활동을 나서는 사람들에게는 국가나 국경은 아무런 의미가 없다. 그들은 단지 그곳에 사람이 있다는 사실만으로 다른 나라에 간다. 그리고 그들의 육체적 힘, 물질적 부, 정신적 재능을 서로 나눈다. 그녀는 이에 대한 다큐멘터리를 제작해 국제봉사활동가들이 지향하는 가치, 수혜자와 맺는 인간적인 관계, 봉사과정에서 발견하는 삶의 환희 등을 발견해냈다.

판로의 새로운 아이디어

다큐멘터리 영화 제작자에게는 항상 따라다니는 문제가 하나 있다. 바로 재정문제다. 상업영화와는 달리 다큐멘터리 영화는 일반 극장에서 상영되기도 어렵고, 영화관에서 관람하려고 하는 사람도 많지 않다. 따라서 어떻게 수익을 창출할 것인가를 항상 고민해야 한다. 물론 좋은 작품은 방송국에서 방영되어 안정적인 가격을 받을 수도 있다. 그런가 하면 각종 영화제에 출품하여 당선되면 큰 금액을 한꺼번에 받을 수도 있다. 하지만 이런 경우는 드문 편이고 한국의 다큐멘터리 제작 현실은 대체로 열악하다. 선진국에서는 정부가 체계적으로 다큐멘터리 제작을 지원하는 시스템을 갖추고 있고, 시민사회의 각종 재단이 자신이 추구하는 가치에 맞는 작품을 후원하는 제도도 정착되어 있다. 또한 학교에서 각종 시청각 수업자료로 활용하기도 하고, 교회·노조·시민단체·동아리 등에서 집단 관람을 위해 구매하기도 한다. 물론 마니아가 증가하면서 기업형 멀티플렉스 극장에서 다큐멘터리 영화를 별도로 상영하는 곳도 있다.

한국에도 '시네마 달'이라고 하는 다큐멘터리 영화 전문배급사가 있다. 이러한 배급회사를 통해 극장 상영뿐만 아니라 IP TV, 온라인, 모바일 등의 새로운 미디어로 다큐멘터리를 배급하고 있다. 그리고 정부는 영화진흥위원회와 같은 정부기관, 그리고 KBS·EBS 등의 공영방송기관을 통해 다큐멘터리 영화제작을 지원해주기도 한다. 또한 부산국제영화제,

전주국제영화제, 서울국제여성영화제, 서울환경영화제 등에서 다큐멘터리 지원 프로그램을 운영하고 있기도 하다. 이런 각종 영화제를 통해 좋은 작품을 외국으로 소개하고 해외배급까지 도와준다. 현재로서는 다큐멘터리 제작에 정부지원과 각종 재단의 후원이 가장 큰 수익이지만, 이것도 제한되어 있는 데다 대부분 제작에 초점을 맞추어 지원이 이루어지고 있다. 따라서 제작후원과 더불어 추가적으로 어떻게 배급을 통해 수익을 창출할 것인가가 앞으로의 중요한 문제이다.

지원 씨는 다큐멘터리 영화감독으로 자신의 직업을 정하면서 작품의 판로에 대해 많은 고민을 했다. 고민을 거듭하다가 그녀는 좋은 아이디어를 하나 생각해냈다. 돈이 있는 곳은 기업이다! 따라서 어떻게 하든지 다큐멘터리의 공공성을 유지하면서 기업과 파트너십을 맺어야 한다! 이렇게 생각하다가 떠오른 아이디어가 바로 기업의 사회공헌활동과 다큐멘터리 영화배급을 접목하는 것이었다. 현대사회에서는 기업의 사회적 책임을 강조함에 따라 윤리경영이 강조되고 있다. 특히 소비자가 적극적으로 윤리구매를 함에 따라 기업은 각종 사회공헌활동에 참여하지 않을 수 없게 되었다. 오늘날 소비자는 어떤 상품을 구매할 때 단지 그 회사의 '상품'만 보는 것이 아니라, 그 상품을 만든 '회사'의 사회적 활동도 고려한다. 따라서 기업은 환경·평화·인권·복지·문화·여성 등과 같은 분야에서 다양한 사회공헌활동을 한다. 이러한 점에서 현대사회에서 기업의 사회공헌활동은 기업의 가치를 높이고 경쟁에서 이기기 위한 새로운 경영전략이라고도 할 수 있다.

다큐멘터리 영화 〈시간의 숲〉 송일곤 감독, 정중한 음악감독의 <시간의 숲>은 일본의 작은 섬, 야쿠시마를 지켜온 7,200년 수령의 삼나무 '조몬스기'를 찾아가는, 자연성 발견에 대한 감성 다큐영화다. 한국 배우 박용우와 일본 배우 다카기 리나(高木りな) 가 주연을 맡았다.

그녀는 자신이 제작한 다큐멘터리 영화에 기업의 광고를 넣었다. 그리고 시청자의 수에 따라 기업으로부터 광고비를 받기로 했다. 물론 다큐멘터리 영화에 상업광고를 하는 것은 다큐멘터리 영화가 추구하는 성격이나 공공적 가치에서 볼 때 어울리지 않는다. 따라서 기업의 상품광고가 아니라 사회공헌활동을 홍보하는 광고를 했다. 사실 기업으로서는 사회공헌활동을 하기 위해 많은 재정을 투입한다. 따라서 신문이나 방송에서 자신이 하고 있는 공헌활동을 적극적으로 홍보하려고 애쓴다. 그러나 대중매체에서는 그것이 그리 간단하지 않기 때문에 많은 돈을 들여가면서까지 방송이나 신문에 자사의 공익활동을 홍보하는 광고를 한다. 이렇게 본다면 다큐멘터리 영화를 통한 광고는 기업에게도 분명 구미가 당기는 일이다. 다큐멘터리 영화의 성격도 기업의 사회공헌활동과 잘 어울린다. 영화 주제에 따라 거기에 맞는 상품을 생산하는 기업인 경우에는 특히 그러하다. 더구나 시청자의 수에 따라 광고료를 지급한다는 점에서도 광고효과를 미리 예측할 수 있다. 여기에다 지원 씨는 취약 지역이나 계층에 영화상영을 강화한다는 방침까지 제시했기 때문에 기업들이 더 적극적으로 나섰다.

이렇게 하여 그녀는 50명 이상 모인 집단에게는 제작한 다큐멘터리 영화를 실제 들어가는 경상비와 교통비만 받고 상영해주었다. 상영 요청이 가장 많은 곳은 지방정부와 학교였다. 특히 이 두 기관에서 많은 사람들이 관람한 덕분에 기업으로부터 높은 광고비를 받을 수 있었다. 그 외에도 노조·종교단체·시민단체·동아리·동창회 등 시민사회는 물론, 기업에서도 상영 주문이 왔다. 심지어 회사나 동창회의 송년회에서 술을 마시고 흥청대는 대신 다큐멘터리 영화를 관람하기 위해 상영을 요청해오기도 했다.

그녀는 다큐멘터리 영화를 제작하기 위해 전국과 세계를 누비고, 제작된 영화를 상영하기 위해 오지나 촌락을 찾아가기도 했다. 앞으로 그녀는 국제적인 연결망을 통해 국제적 차원의 다큐멘터리 배급 통로를 찾아볼 예정이다. 그리고 시민단체·종교단체·노동조합·장애인단체들과 네트워크를 구축하는 작업도 강화하고 있다. 또한 장기적으로는 다큐멘터리 영화를 제작하는 사람들을 다큐멘터리 영화로 만드는 것, 다큐멘터리 영화제작을 지원하는 재단을 설립하는 것을 꿈꾸고 있다.

영성순례 가이드

길에서 영혼을 발견한다

손대지 않고 코풀기

대기업에 다니던 승호 씨는 40대 초반에 회사를 그만두어 주변 사람들을 깜짝 놀라게 만들었다. 사실 그는 회사에서 잘나가는 사람이었다. 회사직원 누가 봐도 그는 회사원의 꽃이라 불리는 이사 승진 1순위 대상자였다. 그러나 그는 이미 10년 전에 퇴직을 결정했다. 대학을 졸업하고 회사에 취직하면서 딱 10년만 직장에 다니겠다고 다짐했던 것이다. 이러한 결심은 회사를 다니면서 동기들에 비해 고속 승진을 하는 과정 속에서 오히려 더욱 굳어졌다. 그의 눈에 대기업의 간부는 참으로 불쌍해 보였다. 언제 해고당할지 몰라 안절부절해하면서 정해진 매출을 달성하기 위해 부하 직원을 달달 볶는 사람으로밖에 보이지 않았던 것이다. 치열한 경쟁 속에서 살아가는 대기업의 간부에게는 영혼도, 인격도, 여유도 없어 보였다. 사실 이제야 퇴직하게 된 것도 아내의 직장 이동과 관련하여 문제가 생겨 늦어진 것이었다.

승호 씨는 회사를 그만두고 그간 모아놓은 돈과 퇴직금으로 강원도에서 새로운 사업을 시작했다. 2억 원을 투자하여 경치 좋은 곳에 3,000m^2(약 900평)의 토지를 구입하고 그 위에 방이 6개인 펜션(pension) 한 동을 지었다. 그의 펜션은 호텔만큼 화려하지도 않고, 민박만큼 순박한 향기도 없다. 그러나 핀란드산 원목으로 지은 목조건물에다 현대식 인테리어를 했기 때문에 깨끗하면서도 짙은 나무 향기를 맡을 수 있다. 그는 이후 2억여 원을 더 투입하여 땅을 추가로 매입하고, 고기를 구울 수 있는 방갈로, 찜질을 할 수 있는 시설, 채소를 키우는 비닐하우스, 어린이 체험농장 등을 지었다.

펜션사업은 실질적으로 일 년에 두 달 정도만 운영하는 사업이다. 즉, 두 달을 벌어서 1년을 먹고 사는 것이다. 휴가 오는 손님들이 7월과 8월에 몰리기 때문이다. 물론 손님은 늦봄인 5월부터 찾아오기 시작해 늦가을인 10월까지도 오기는 한다. 그러나 그때에는 거의 주말에만 온다. 11월이 되어 추위가 다가오면 주말에도 찾아오는 손님 마저도 뜸해진다. 여름 두 달을 제외하고 손님이 오지 않는 날이면 그는 주로 펜션을 가꾸고 수리했다. 그러나 그것도 몇 년이 지나자 할 일이 없어지고 지겨워지기 시작했다. 그래서 그는 가까운 지역에 있는 대학교의 평생교육원에서 각

종 강의를 듣는 데 취미를 붙였다. 그러다가 시간이 많을 때 기획 독서를 해보라는 친구의 조언에 따라 말로 모건(Marlo Morgan)의 『무탄트 메시지(Mutant Message)』를 읽고 흥미가 있어, 이와 유사한 책을 찾아 읽게 되었다. 이후 그는 론다 번(Rhonda Byrne)의 『시크릿(The Secret)』, 에모토 마사루(江本勝)의 『물은 답을 알고 있다(水は答えを知っている)』, 데이비드 호킨스(David Hawkins)의 『의식혁명(Power vs. Force)』, 다니엘 핑크(Daniel Pink)의 『새로운 미래가 온다(A Whole New Mind)』, 파울로 코엘료의 『순례자』 같은 책을 읽었다. 그리고 『순례자』를 읽고 나서 트레일(trail)에 관한 공부도 했다.

인간이 가진 영성, 그리고 그 영성을 체험하기 위한 트레일에 관심이 생기면서 그는 펜션을 가꾸는 일도, 대학교에 강의를 들으러 가는 것도 그만두었다. 독서에 빠져버린 것이다. 그래서 그는 생명·영성·환경·여행 등과 관련된 책을 읽으면서 새로운 사업을 구상했다. 그는 이 분야를 공부하면서 자신이 하고 있는 펜션사업이 구식모델이라는 것을 알게 되었다. 물론 도시화가 심화된 현대사회에서 사람들은 시간만 나면 도시를 벗어나 자연과 어울리려고 한다. 따라서 펜션과 같은 숙박소에는 일정한 수요가 있다. 그러나 이미 펜션이 너무 많이 생긴 데다 일 년에 한 철만 장사할 수 있어서 수입에 한계가 있었다. 그리고 펜션사업은 토지가격의 상승을 기대하고 하는 사업이지만 한국에서 부동산 가격은 이제 정점에 달했다. 무엇보다도 그가 펜션사업을 그만두려고 하는 것은 그 일이 너무 지겹다는 것이다. 지루한 일상이 반복되면서 삶의 의미를 찾

걸으면서 생각하기 최근 서울환경연합, 풀빛문화연대 등 환경단체를 중심으로 환경을 생각하며 걷기와 같은 행사들이 열리고 있다. 이처럼 현대인은 걸으면서 자기 자신과 사회적 가치를 생각하는 이벤트를 좋아한다(사진 자료: 산림청).

기 위한 변화가 필요했다. 더 늦기 전에 인생 이모작을 위한 사업구상을 다시 해야겠다고 생각했다. 그래서 그는 거의 10년 가까이 가꾸어온 펜션을 10억 원에 팔았다. 그래도 그동안 몇 배로 오른 부동산 가격 덕을 본 것이었다.

승호 씨는 지난 10년 동안 펜션사업을 하면서 도시인들의 심리를 어느 정도 파악했고, 자연을 활용하는 방법에 대해서도 아이디어를 얻었다. 또한 지방정부의 공무원과 어떻게 접촉하고, 그들을 어떤 방식으로 설득해야 하는지에 대해서도 많은 것을 경험했다. 그래서 그는 펜션사업을 정리하고 서울 근교의 교통이 좋고 경치가 뛰어난 곳에 작은 별장을 하나 지었다. 그리고 손대지 않고 코를 풀겠다는 희한한 발상을 현실에 옮겼다. 바로 영성순례사업이다.

영성순례사업은 인간이라면 누구나 지니고 있는 거대한 생명의 에너지를 자연을 매개로 발현하도록 도와주는 일이다. 다만 그 방식은 좌선의 형태가 아니라 길을 걸어가면서 바라보고, 생각하고, 대화하는 것이다. 이 새로운 사업은 땅을 구입한다든가, 건물을 짓는다든가, 도구를 산다든가 할 필요가 없다. 단지 길을 발견하기만 하면 된다. 필요한 것은 인터넷을 통해 사업을 알리고 영성발현과 관련된 콘텐츠(contents)를 제작하는 것이다. 콘텐츠는 인간의 존재, 몸과 정신, 뇌와 의식, 주체와 환경, 초월의식, 영성발현 기술, 외국사례, 고대의 의식(儀式), 성인들의 행적 등과 같은 것을 포함했다. 이에 대해 그동안 공부도 많이 하여 그 나름대로 정리했지만, 최종적으로 전문가의 도움을 받아 몇 개의 자료를 완성했다.

순례에 나서는 사람들

지난 수백 년 동안 인류는 물질적 풍요를 위해 숨 가쁘게 달려왔다. 치열한 경쟁 속에서 죽기 살기로 일해서 돈을 벌고, 그 돈으로 좋은 집에서 배불리 먹기도 했다. 그러나 삶은 언제나 불안하고, 지루하고, 허탈했다. 그런 삶 속에서는 진정한 자기(self)를 찾는 것도, 미래의 비전(vision)을 발견하는 것도, 평화로운 죽음을 맞이하는 것도 불가능했다. 그래서 근대 문명에 대한 성찰이 일어났고 사람들은 자신의 삶을 되돌아보게 되었다.

이제 사람들은 달리기를 멈추고 느리게 걷고 있다. 천천히 걸으면서 바깥의 현상이 아니라, 자기의 내면을 바라보려고 노력한다. 미래의 비전을 찾기 위해 창조적인 삶을 생각하고, 창조의 원천인 지혜를 얻고자 한다. 평화로운 죽음을 위해 평화로운 삶을 갈구하고, 평화로운 삶을 위해 영원성을 발견하려고 한다. 이렇게 되면서 사람들은 영성(spirituality)에 눈을 뜨고 있다. 영성이란 바로 신(神)적이고 우주적 존재로서 인간에게 내재된 신성한 힘을 말한다. 그것은 에고(ego)로부터 벗어나 나와 신과의 관계, 나와 우주와의 관계 속에서 얻을 수 있는 것이다.

그가 공부한 바에 의하면, 현대 산업사회에서 전통적인 종교에 대한 관심은 점차 낮아지고 있었다. 그래서 제도화된 종교단체가 감소하고 종교를 믿는 사람도 줄어들고 있다. 그러나 영적인 문제에 대한 관심은 오히려 커지고 있고 영성훈련에 참가하는 사람도 늘어나고 있다. 이는 고정된 틀에서 벗어나 자유롭게 자신의 영성을 탐구하려는 현대인의 욕구를 반영한 현상이다. 이러한 경향은 전 세계적인 경향으로서 젊은 층에서 더욱 강하게 나타난다. 물론 한국도 예외가 아니다. 이미 한국에서도 참선·명상·요가·단전호흡 등과 같은 수련법이 인기를 끌고 있다. 영성을 수련하는 전통은 한국의 고대 신선사상까지 거슬러 올라가지만, 비교적 근래에는 다석 유영모와 그의 제자 함석헌이 교회를 떠나 자유롭게 영성을 수련하기도 했다. 물론 불가(佛家)에서는 오래전부터 많은 스님들이 영성수련에 매진해왔다.

그런데 승호 씨는 이러한 영성수련의 하나로서 사람들이 순례(pilgrimage)를 한다는 사실에 주목했다. 가만히 앉아서 명상이나 요가를 하는 것이 아니라, 성지를 찾아다니면서 종교적 신앙심을 돈독히 하고 자기의 본질을 발견하는 것이 순례이다. 현대인은 왜 순례를 좋아할까? 이것이 앞으로 그가 펼칠 사업의 이론적 핵심이었기 때문에 그는 그 이유를 발견하기 위해 많은 연구를 했다. 그가 찾아낸 이유는 순례를 통해 수련과 여행이 미묘하게 접목되고, 그 속에 웰빙(wellbeing)과 느림의 철학이 맞물려 있다는 것이다. 그래서 동일한 생활 패턴이 반복되고 속도를 강조하는 근대 과학기술문명에 지친 현대인이 순례를 좋아할 수밖에 없었다. 여행을 통해 자신의 내면을 탐색하거나 느긋한 발걸음 속에 행복을 발견하는 일은 현대인이라면 누구나 원하는 것이다. 사실 순례는 고대사회에도 있었다. 그런 순례가 오랫동안 주목받지 못하다가 현대에 와서 재발견된 것도 이러한 이유 때문이다.

승호 씨는 순례에 대해서도 다방면으로 공부했다. 그가 공부한 것에 따르면 오늘날 순례는 거대한 이벤트로 진행되고 있었다. 가장 대표적인 순례지로 사우디아라비아의 메카를 들 수 있다. 이슬람 교도는 살면서 한 번은 메카에 다녀와야 하기 때문에 그야말로 매년 수백만 명의 사람들이 이곳에 몰린다. 스페인 북서쪽 산티아고(Santiago)도 유명하다. 예수의 12제자 중의 한 명인 야고보(James)가 복음을 전파하기 위해 예루살렘에서 여기까지 걸어왔다고 한다. 지금은 야고보의 유해가 묻힌 자리에 '별들의 들판'을 의미하는 콤포스텔라(Compostela) 성당이 세워져 있다. 매년 수많은 기독교인들이 콤포스텔라를 향해 산티아고 가는 길에 오른다. 이

산티아고 가는 길 예수의 12제자 중의 한 명인 야고보가 복음을 전파하기 위해 예루살렘에서 스페인 북서부 산티아고까지 걸어왔다고 한다. 오늘날 이 길은 세계의 기독교도들이 영성순례를 하는 길로 유명하다.

외에도 인도의 부다가야로 가는 불교 순례길과 일본의 시코쿠(四國) 해안을 따라 88개 사찰을 따라가는 오헨로(お遍路) 순례길도 있다. 심지어 티베트에서는 모든 길이 순례길이라고 해도 과언이 아니다. 더구나 티베트인들은 온몸을 땅바닥에 대고 엎드려서 기어가는 오체투지로 티베트 자치구의 수도이자 성스러운 땅이라는 이름의 라싸까지 순례하기도 한다. 승호 씨는 여행 삼아 인도와 일본의 순례길을 체험하고 왔다.

영성순례사업을 구상하고 이와 관련된 공부를 하면서 그는 한국에도 많은 순례길이 있다는 사실을 알게 되었다. 각종 종교를 믿는 사람들이 종교적 성지를 찾아다니는 것을 좋아하기 때문에 전국에 여러 순례길이 만들어져 있었다. 특히 종교 성지가 많은 전라북도의 순례길이 유명하다. 익산의 신용동에는 원불교 중앙총부가 있고, 망성면에는 김대건 신부가 머문 나바위 성지가 있으며, 금마면에는 미륵사지 석탑이 있다. 그리고 완주군 비봉면에는 병인박해 때 순교한 사람들이 묻힌 천호성지가 있고, 소양면에는 신라 말에 창건된 송광사가 있다. 또한 전주 다가동에는 호남 최초의 서문교회가 있고, 김제 모악산에는 증산교의 성지인 동곡약방이 있다. 한국순례문화연구원은 전라북도, 전주시, 익산시 등 행정기관의 지원을 받아 전주를 중심으로 하여 도보여행으로 10일이 걸리는 240km의 '아름다운 순례길'을 만들어 운영하고 있다. 이 순례길에는 기독교 · 가톨릭 · 불교 · 원불교 4개 종교의 각종 사적지가 들어 있다.

인기를 끄는 트레일

굳이 종교적 색채가 있는 성지순례가 아니라고 하더라도 현대인은 자연 속에서 천천히 걷는 것을 좋아한다. 승호 씨는 이 방면을 공부하면서 트레일이 이미 많은 인기를 끌고 있음을 알게 되었다. 사실 걷는 것은 그 자체만으로도 가장 좋은 운동이자 보약이다. 현대인을 위협하는 각종 성인병에는 무엇보다도 하루에 일정하게 걷는 운동이 가장 이상적인 치료법이다. 대표적으로 걷기는 당뇨병에 좋다. 사실 인류는 탄생부터 줄곧 걸어 다녔다. 길이라는 것도 따지고 보면 길이 있어서 사람이 걸어 다닌

제주도 올레길 끊어진 길을 잇고 잊힌 길을 찾아서 걸을 수 있는 올레길로 만듦으로써 제주도의 위상이 높아졌을 뿐만 아니라, 제주도를 찾는 관광객도 폭발적으로 늘어났다(사진 자료: 사단법인 제주올레).

것이 아니라, 사람이 걸어 다니면서 길이 생긴 것이다. 따라서 길이 있다는 것은 이미 많은 사람들이 그곳을 걸어갔다는 것을 말해준다. 그런데 오늘날에는 평소에 걸을 기회가 줄어들면서 어떤 이벤트를 통해 걷는 일이 많아지고 있다. 이처럼 한국에서 길 걷기가 그 자체로 인기를 끌게 된 데는 제주 올레길의 등장이 커다란 역할을 했다.

인터넷 언론매체인 오마이뉴스의 편집국장이었던 서명숙은 스페인의 산티아고 가는 길을 순례하고 와서, 마치 무슨 계시를 받은 것처럼 그녀의 고향인 제주도에 걷는 길을 만들었다. 그리고 제주도 방언에서 올레라는 단어를 가져와 그 길에 올레길이라는 이름을 붙였다. 이 길이 점점 유명해지자 사람들은 제주도에 와서 올레길을 찾는 것이 아니라, 올레길을 걷기 위해 제주도를 찾기 시작했다. 이렇게 제주도의 올레길이 인기를 끌자 2010년 정부는 제주도 올레길을 한국관광의 별(star)로 선정하고, 외국인에게 소개하는 7대 이벤트 중의 하나로 지정하기도 했다. 이제 제주도 올레길은 그 자체로 한국사람들이 가장 가보고 싶은 관광지이자 세계적인 트레일이 되었다. 제주도 올레길은 2007년에 공식적으로 개장한 이래 현재 25개 코스가 있고, 총 길이가 421km에 달한다. 그리고 올레길을 체계적으로 관리하는 사단법인 제주올레가 설립되어 있다. 승호 씨는 제주도 올레길을 걸으면서 아름다운 섬이 걷는 길에 의해 어떻게 빛나고, 자연 속에서 걸으면서 영성을 어떤 방식으로 발현할 수 있는지 체험해보았다.

물론 한국의 트레일이 제주도에만 있는 것은 아니었다. 승호 씨는 제주도 올레길 외에도 다양한 길을 찾아보고 직접 다녀보기도 했다. 지리산 둘레길, 강화 나들길, 강릉 바우길, 태백 해바라기 산소길, 철원 쇠둘레길, 대전 로하스길 등 전국에 수많은 길이 있었다. 지리산 둘레길은 3개 도(전라북도, 전라남도, 경상남도), 5개 시군(남원시, 구례군, 하동군, 산청군, 함양군), 16개 읍면, 80여 개 마을을 잇는 274km의 대장정 도보길이다. 따라서 그 속에는 옛길·고갯길·숲길·강변길·논둑길·농로길·마을길 등의 갖가지 길이 있다. 2008년에 공식적으로 개통한 지리산 둘레길은 1년에 방문객이 두 배씩 늘어나고 있다. 강화 나들길도 강화버스터미널에서 시작하여 서쪽을 돌아 동쪽 갑곶돈대로 오는, 6시간 동안 18km를

지리산 둘레길 지리산을 둘러싸고 있는 많은 마을을 거쳐 산을 돌아가는 지리산 둘레길은 방문객에게 사색의 기회를 제공하기도 하지만, 그 자체로 청정한 자연과 순박한 농촌마을을 품은 아름다움을 자랑한다.

걷는 제1코스를 비롯해 14개 코스가 개발되어 있다. 코스를 따라 걸어가면 산성·성문·궁지·성당·사찰 등의 각종 유적지를 만날 수 있다. 대전시 대덕구는 최근 주민복리의 증진과 관광객의 유인을 위해 금강·대청호·계족산을 잇는 산책로 '200리 로하스길'을 직접 만들기도 했다.

순례길과 트레일이 인기를 끌자, 이에 편승하여 복잡한 도시생활에서 벗어나 자연을 체험하고 자신을 성찰하는 여러 가지 프로그램도 인기를 끌고 있다. 예를 들어, 요즘에는 과거의 강제적 유배가 아니라 스스로 '자발적 유배'를 가는 사람도 있다. 하루 몇 시간 동안 여행을 가거나 길을 걷는 것이 아니라, 아예 조선시대 유뱃길에 올랐던 사람처럼, 도시생활을 잠시 정리하고 몇 달 동안 섬이나 오지에 가서 살다가 오는 것이다. 사람의 발길도 뜸하고 컴퓨터·휴대전화·전기도 없는 곳에서 조용히 생각을 하고, 글을 쓰고, 각종 예술활동을 하는 것이다. 그런가 하면 아예 로빈슨 크루소처럼 무인도로 가서 자급자족 생활을 체험하거나, 17세기 일본으로 가다가 제주도에 표류한 네덜란드인 하멜(Hendrik Hamel)처럼 근해 바다를 돛단배로 표류하면서 힘든 여행을 즐기는 사람도 있다.

걷는 길 만들기

승호 씨는 몇 년 동안 심사숙고한 구상, 이론에 대한 공부, 국내외 사례 탐방, 많은 사람들의 자문 등을 거쳐 드디어 영성순례 가이드로서의 첫발을 내딛었다. 물론 이 직업은 기업운영처럼 많은 돈을 버는 것은 아니다. 그러나 새로운 영역에 대한 도전의식을 추동하고, 항상 사람들과 진지하게 만나며, 일상 속에서 자유롭고 평화로운 삶을 살 수 있었다. 그리고 참여하는 사람들이 자신의 본원적 생명력을 회복하여 완전한 자유를 찾을 수 있도록 도와주는 점도 좋았다. 그것은 그가 오랫동안 하고 싶었던 일이자, 인생 이모작의 직업으로서는 적격이었다.

우선 그는 자기 별장이 있는 곳에서 시작하여 단거리 8~10km, 장거리 50~60km의 두 종류의 길을 만들었다. 만든다고 하지만 사실은 원래 있던 길을 단지 지도상에서 잇고 붙이는 일이었다. 길이 갈라지는 곳에는 나무나 돌과 같은 자연의 표지를 만들었다. 그리고 일정한 구간마다 휴식을 취할 수 있는 장소를 확보했다. 길은 산 · 들 · 강 · 호수 · 마을을 지

<표 9-1> 영성순례길 준비과정

과정	주요 내용
길 파악	순례길로 가능한 지역을 파악하고 시작지점을 지정
길 연결	산, 들, 강, 호수, 마을을 지나는 길을 지도상에서 서로 연결
길 가꾸기	문제가 되는 길을 잇거나 가꾸고 갈라지는 곳에 표지판 부착
길 의미부여	각 길에 영성발현과 관련하여 의미를 부여
휴식/숙박 장소지정	중간에 휴식을 취하고 숙박할 마을이나 숙박소를 선정하고 계약

나도록 연결했다. 물론 각각은 그 나름의 의미가 있다. 산은 오르면서 땀을 흘리고 내려가면서 노력의 대가를 알게 한다. 들은 곡식의 소중함을 깨닫게 하고 갖가지 식물과 영혼의 대화를 하도록 한다. 강은 낮은 곳으로 흐르고 생명을 키우는 곳임을 알려준다. 호수는 그것을 바라보는 사람으로 하여금 넓고 평온한 마음을 불러일으킨다. 마을은 사람들이 사는 모습을 보고 낯선 사람들과 정답게 대화하는 곳이다. 또한 길의 중간중간에 나타나는 마을은 물을 얻어 마시고, 간단한 음식을 사 먹고, 화장실을 이용하는 곳이었다. 며칠이 걸리는 장거리 순례인 경우에는 중간에 거치는 마을에서 확인도장을 찍도록 했다. 도장을 받은 사람은 중간 숙소에서 숙박비를 할인받을 수 있고, 성수기에는 우선적으로 숙소를 배정받을 수 있도록 했다. 물론 확인도장을 찍어주는 마을 사람은 자기 집에서 감자·고구마·묵·식혜와 같은 간식과 가벼운 식사와 과일을 팔게된다.

승호 씨가 영성순례 가이드로 직업을 전환하면서 심각하게 고민한 것은 두 가지였다. 하나는 길을 걸으면서 어떻게 영성을 발현하는가 하는 문제였다. 인간은 각자 나이가 다르고, 직업이 다양하며, 지적 능력에 차이가 있다. 그렇기는 해도 인간은 각자 가장 개성적인 자기의 본모습이 있고, 우주적 존재로서의 신성(神性)을 지니고 있다. 어떻게 그것에 접근하고 그것을 발휘할 것인가? 영성을 위한 기존의 수행방식은 대체로 좌선의 형태로 생각을 비우는 쪽이다. 무아(無我)에 이르기 위해 특정한 화두를 잡는 간화선(북방불교)과 인중 부분에 호흡을 집중하는 위파사나(남방불교)가 그 대표적 방식이다. 물론 걸으면서 잡념을 없애고 생각을 집중하는 걷기명상도 있다. 그러나 승호 씨가 염두에 둔 것은 생각을 비우는 것이 아니라 정신의 깊은 곳으로 생각을 끌어들이는 것이었다. 바로 명료한 의식 속에서 자기를 바라보고 실존의 근본에 대해 자문하는 것이다. 이때 정신을 집중하는 것도 중요하지만, 인간과 자연, 자아와 타자, 몸과 마음, 감각과 지성 간의 융합도 중요하다고 보았다.

정신의 깊은 곳에 자리 잡고 있는 순수의식을 발견하고 완전한 자유를 누리기 위해 그는 참가자들에게 다음과 같은 것을 제시했다. 우선 길을 걸으면서 자기 자신을 돌아보기를 권했다. 우주의 중심에 선 자신의 본질을 들여다보고 생명의 에너지를 발현하는 것이다. 그러고 나서 자연과 하나가 되고 자연 속에 있는 자신을 바라보도록 했다. 그래서 자연스럽게 자연과 어울리면서 교감하도록 주문했다. 그리고 다른 사람과 함께 길을 걸으면서 이야기를 나누거나 무언의 대화를 하도록 했다. 같은 목적 아래 같은 방향을 가는 사람은 이미 가식 없는 친구다. 그러므로 부드럽게 대화를 나누면서 자신의 감정을 드러내고 서로 우정을 나누도록 권장했다. 또한 걸으면서 몸을 온전하게 유지하는 것도 중요하다고 보았다. 가볍게 걸으면서 안정된 몸의 상태에서 마음과 교감하도록 했다. 나아가 걸으면서 모든 감각을 열어둘 것을 강조했다. 시각적으로 다양한 자연경관을 바라보고, 청각적으로 바람소리·새소리·물소리 등 온갖 자연의 소리를 들으며, 후각적으로 자연의 다종다양한 향기를 맡고, 촉각적으로 자연만물을 만져보는 것이다. 이러한 감각활동이 지각작용을 일으켜 깊은 생각에 이르도록 하는 것이다.

그는 영성순례에 참가한 사람들이 자연 속에서 다른 사람과 함께 걸으면서 에고(ego)를 초월하여 타자에게로, 자연에게로, 신(神)에게로 다가가도록 하기 위한 지침을 마련했다. 첫째, 계절의 자연색과 비슷한 색깔의 옷을 입는다. 자연이나 옆 사람들과 옷 색깔을 비슷하게 하여 동화(同化)를 유도하는 것이다. 둘째, 천천히 걷는다. 안정되고 여유로운 상태에서 깊은 생각을 하기 위한 것이다. 셋째, 마음을 평화롭게 한다. 속세의 욕망을 잠시 내려놓고 정신의 안정을 도모하기 위해 필요한 것이다. 넷째, 자연을 응시한다. 단순히 길을 가는 것이 아니라 자연을 응시하면서 생각하는 것이다. 다섯째, 옆에 있는 사람들과 경계의 벽을 허문다. 그들을 나와 같은 성스러운 존재로 바라보는 것이다. 여섯째, 작은 소리로 짧게 말한다. 다른 사람을 방해하지 않고 말 속에 깊은 함축을 담기 위해서이다. 일곱째, 흔적을 남기지 않는다. 길은 본디 모든 사람에게 속하는 것이므로 깨끗이 해야 하는 것이다. 여덟째, 적게 먹는다. 포만감은 잠재의식의 확장을 통한 지혜로의 입문을 방해하기 때문이다.

　　승호 씨가 고민하는 다른 하나는 수익 구조에 관한 것이었다. 이 사업에서 어떻게 수익을 창출할 것인가? 그는 두 가지에다 초점을 두었다. 하나는 순례의 출발점인 그의 별장에서 티셔츠, 목도리, 지팡이, 가방, 책, 자료집 등과 같은 물품과 간단한 식품을 파는 것이었다. 다른 하나는 순례에 참가하는 사람들이 사전에 영성순례에 대한 교육을 받도록 하고 참가비를 받는 것이었다. 따라서 그는 영성순례에 대한 방대한 교육자료를 확보하고 이와 관련된 책도 집필했다. 지방정부에서도 순례길에 관심을 보였기 때문에 순례길을 꾸미는 데 지방정부가 투자하도록 하고, 순례길의 확장과 콘텐츠의 개발과 관련하여 지방정부가 발주한 프로젝트를 수행하기도 했다. 그리고 기업과의 파트너십도 구축했다. 장기적인 관점에서 기업의 이미지를 높이기 위해 기업이 투자하도록 유도한 것이다.

　　승호 씨는 영성순례 가이드로서 새로운 직업에 뛰어들면서 많은 시행착오를 거쳤다. 이러한 시행착오는 새로운 것을 시작하면 누구나 거쳐야 하는 과정이기도 했다. 자신 앞에 많은 과제가 놓여 있지만 그는 사람들을 만나고, 서로를 진지하게 대하며, 다 함께 영성에 접근해가는 순례의 안내자로서 요즘 인생의 묘미를 느끼고 있다. 그는 앞으로 영성순례 가이드로서 경험을 쌓은 다음에 작은 산을 하나 구입하여 거기에 영성순례길을 만들고 영성계발센터를 짓는 꿈을 꾸고 있다.

죽음준비교육 강사
평화로운 죽음을 도와준다

철학도의 새로운 길

대호 씨는 대학에서 철학을 전공했다. 누구나 알고 있듯이, 철학은 가장 오래된 학문이며, 모든 학문의 근원이다. 철학을 통하지 않고 다른 학문을 한다는 것은 모래 위에 성(城)을 쌓는 것과 같다. 예를 들어, 의학을 공부하는 데 철학이 무슨 필요가 있느냐고 반문할 수 있다. 그러나 인간과 우주의 본질에 대해 알지 못한다면 훌륭한 의사가 될 수 없다. 나아가 삶과 죽음, 몸과 정신, 자아와 타자의 관계는 의사가 반드시 알아야 하는 철학적 지식이다. 의사가 민주주의를 이해해야만 병원조직에 적응할 수 있고, 환자를 인격적으로 대할 수 있는 것과 마찬가지의 원리다. 그러나 요즘 학문은 사회분화에 맞추어 파편화되어버렸다. 그래서 철학을 우회하거나 무시하고 자기 분야의 기교만 배우고 있다. 특히 공학이나 자연과학이 그러하다. 심지어 대학에서 철학과를 지망하는 학생이 없어서 학과가 폐지되고 있는 실정이다. 그는 대학이 단순히 기술만 배우는 학원으로 전락하고 있는 현실이 안타까울 뿐이었다.

대호 씨는 대학을 갈 때 자신의 의지에 따라 철학과를 선택했다. 모름지기 대학에서 학문에 뜻을 둔다면 반드시 철학을 먼저 공부해야 한다고 생각했던 것이다. 시대가 바뀌어 철학이 푸대접받고 있어도 그는 전혀 개의치 않았다. 오히려 그는 철학에 매료되어 동서양의 광대한 고전을 공부하는 데 정신이 없었다. 철학을 공부하면서 그는 특히 죽음에 관심이 생겼다. 한 개체로서의 인간이 다른 사람들과 어울려 사회를 구성하는 것은 그 자신이 살아 있기 때문에 가능한 일이다. 숨을 쉬면서 생존하고 있다는 사실은 그야말로 존재의 극치를 표현한다. 그런데 존재를 가능케 하는 생존의 바로 건너편에 죽음이 있다. 죽음은 삶과 떨어져 있지 않고 이어져 있다. 그야말로 손바닥 앞뒤와 같은 것이다. 그만큼 죽음을 이해하는 것이 바로 좋은 삶을 사는 것이라고 할 수 있다.

그는 철학을 통해 죽음에 대한 공부를 많이 하게 되었다. 모든 인간이 죽음을 향해 나아간다는 것은 철학적 명제라기보다 자연의 법칙이라고 할 수 있다. 죽음은 삶의 종착점으로서 누구도 피할 수 없는 삶의 여정인 것이다. 죽음은 종국적으로 한 인간의 삶을 미완성인 채로 단절시키고 붕괴시킨다. 그야말로 자신 앞에 놓여 있는 세계의 모든 것은 죽음과 함께 끝나고 만다. 그만큼 죽음은 인간에게 절체절명의 사건이다. 물론 죽음은 인간에게만 있는 것이다. 다른 동물은 자신의 죽음을 인식하지 못하기 때문이다. 인간만이 타자의 죽음을 바라보고 그것에 자신을 투사할 수 있는 것이다. 또한 죽음은 나에게 속하는 주관적인 것이다. 나도 결국은 죽지 않을 수 없기 때문이다. 그럼에도 사람들은 죽음을 항상 객관적인 것으로 바라보고 '타인의 죽음'으로만 인식한다. 심지어 자신의 죽음을 눈앞에 두고도 그것을 믿으려고 하지 않는다.

대호 씨는 철학을 공부하면서 죽음의 문제가 오랫동안 학문과 예술의 주제가 되어왔다는 사실을 알게 되었다. 고대 서양의 플라톤(Plato)과 키케로(Cicero)는 죽음을 준비하는 예술에 철학을 비유할 정도로 철학에서 죽음을 중시했다. 모차르트·슈베르트·바하와 같은 대음악가도 죽음을 모티브로 한 음악을 창조했다. 인간의 역사만큼이나 오래된 종교 또한 궁극적으로는 죽음의 문제를 극복하기 위해 생겨난 것이다. 그만큼 죽음은 오랫동안 삶의 주제였던 것이다. 그런데도 사람들은 죽음을 금기시하고 죽음에 대해 이야기하기를 꺼린다. 죽음은 분명 실존의 궁극적인 문제이다. 따라서 죽음의 문제를 은폐하는 것은 삶의 생동감을 파괴할 수 있다. 사실 우리의 삶에 고유한 의미가 존재하는 것은 죽음이 있기 때문에 가능하다. 삶이 죽음과 맞닿아 있기 때문에 삶을 성찰하고 삶의 소중함을 깨닫게 된다. 그야말로 죽음은 삶의 원인인 것이다. 죽음이 없다면 삶은 탐욕적인 소유와 피상적인 유희로 퇴락하고 말았을 것이다. 인간에게 자기를 초월하고 영원성을 획득하는 지혜가 있는 것 또한 종착점

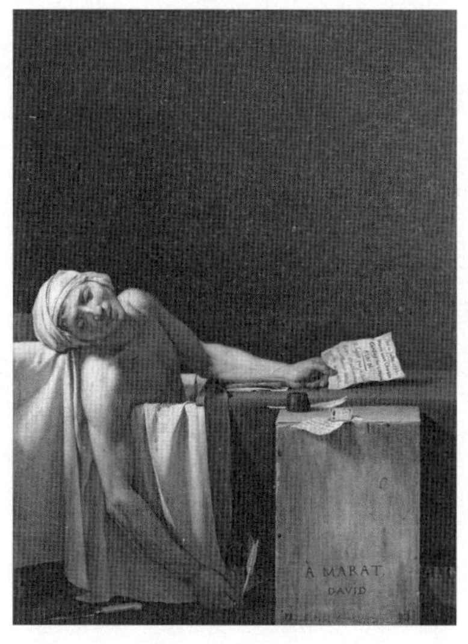

마라의 죽음 18세기 말 프랑스의 화가 자크 다비드(Jacques David)가 그린 그림으로, 욕실에서 살해당한 한 혁명가의 비극적인 죽음과 죽음 후의 영광(화면 오른쪽의 밝은 빛)을 미묘하게 표현했다.

으로서 죽음이 있기에 가능한 일이다. 그야말로 독일의 철학자 마르틴 하이데거(Martin Heidegger)의 지적처럼, 일상에서 죽음을 염두에 두고 살아갈 때 참된 자기를 자각할 수 있다.

대호 씨는 죽음에 대해 공부하면서 생각이 점점 깊어졌다. 그런데 아무리 생각해도 이해가 되지 않는 것이 있었다. 죽음이 인간에게 피할 수 없는 중대한 사건이자 중요한 의미를 지닌 것이라면, 분명 삶의 한복판에서 그것에 대한 활발한 논의가 이루어져야 한다. 그런데 사람들은 왜 죽음에 대해 이야기하지 않는 것일까? 결국 죽어야만 하는 인간인 이상, 마땅히 다음과 같은 것에 관심이 있어야 하는 것이다. 죽음에는 어떤 의미가 있는가? 죽음 후에 인간은 어떻게 되는가? 어디에서 죽을 것인가(집이냐, 병원이냐)? 어떻게 죽을 것인가(자발적 죽음이냐, 수동적 죽음이냐)? 어떤 마음으로 죽음을 맞이할 것인가(두려워할 것인가, 평화롭게 맞이할 것인가)? 의학적 죽음을 넘어서 인격적 죽음, 안락사가 아닌 존엄사(尊嚴死)도 사람들에게 중요한 관심사가 되어야 한다. 대호 씨는 가치 있고 의미 있는 삶을 살기 위해서는 죽음 또한 그러해야 한다고 결론을 내렸다. 그래서 사람들이 죽음을 이해하고 평화로운 죽음을 맞이할 수 있도록 도와주는 죽음준비교육 전문가가 되겠다고 결심했다.

죽음을 준비하는 일

대호 씨는 편안한 죽음을 도와주는 전문가가 되겠다고 장래 직업을 결정하고 나서 주위를 둘러보고는 깜짝 놀랐다. 이미 죽음준비교육을 전문으로 하는 연구원이 있고, 교육을 담당하는 프리랜서가 많이 활동하고 있었던 것이다. 복지관·요양원·노인단체 같은 곳에서는 죽음준비교육이 인기를 끌고 있었고, 죽음준비에 대한 연구 또한 활발하게 진행되고 있었다. 심지어 대학에 죽음학 관련 학과가 개설되어 있고, 죽음을 연구하는 학자들이 모인 죽음학회가 결성되어 있었다. 그리고 사망학(死亡學, thanatology)이라고 하여 죽음을 연구하는 학문도 있었다. 철학뿐만 아니라 의학·심리학·종교학·인류학·민속학 등의 학자들이 모여 함께 죽음을 연구하는 학제적(inter-disciplinary) 연구도 활발했다. 이런 연구가 활발하다는 것은 죽음을 그 자체로 보는 것이 아니라, 삶을 새롭게 인식하고 조망하기 위해 죽음을 연구한다는 의미이기도 하다. 또한 최근 급속도로 확산되고 있는 장기기증 서약은, 죽음을 남을 위해 베푸는 또 하나의 시작으로 본다는 의미이다. 그야말로 잘 죽는다는 것과 잘 사는 것은 서로 밀접하게 연결되어 있다고 보는 것이다.

죽음준비교육 강사가 되기 위해 대호 씨가 가장 먼저 해야 하는 일은 바로 죽음준비교육 전문과정을 이수하는 것이었다. 그는 지금까지 학문적인 차원에서 죽음의 의미, 사후의 세계, 삶과 죽음과의 관계 등을 공부했다. 그러나 실천적인 차원에서 본다면 죽음준비교육 강사로서 현장교육이 필요했다. 그래서 그는 각당복지재단이라는 비영리기관에서 진행하는 죽음준비교육 지도자과정 프로그램에 등록하여 몇 개월 간 교육을 받았다. 벌써 많은 사람들이 죽음준비교육 강사가 되기 위한 교육을 받고 있었다. 이는 곧 죽음준비교육에 대한 수요가 많아지고 있다는 것을 의미한다. 그야말로 시대가 바뀌고 있었다. 그동안 금기시해오던 죽음에 대한 담론이 확대되고, 점점 많은 사람들이 자신의 죽음을 체계적으로 준비하는 일이 곧 삶의 질을 높이는 것이라고 인식하게 된 것이다. 달리 말해 이는 죽음준비 교육을 위한 인력이 필요함을 뜻하기도 한다. 그로서는 반가운 일이었다. 다른 사람보다 한발 앞서 새로운 길로 가는 배에 승선한 것이다.

그는 죽음준비교육 지도자과정을 이수하면서 죽음준비를 위한 교육 내용이 결코 간단하지 않다는 사실도 알게 되었다. 죽음준비교육은 죽음을 앞둔 사람에게 삶과 죽음의 관계, 죽음의 의미, 죽음의 과정, 사후의

복지관의 죽음준비교육 한국 사회에서도 죽음준비교육이 확대되고 있다. 죽음 준비교육은 평소 말하기를 꺼리고 두려워하는 죽음에 대한 이해를 통해 품위 있고 평화로운 죽음을 맞이할 수 있도록 도와준다(사진 자료: 미국 소망 소사이어티).

세계, 임사체험, 생명의 본질 등을 설명하는 철학적 강의에 그치지 않았다. 그야말로 죽음과 관련된 모든 내용을 포함하고 있었다. 학문적으로도 철학뿐만 아니라 심리학·종교학·법학·의학 등에 대한 상식이 필요했다. 심지어 풍수지리나 명당자리와 관련하여 명리학과 같은 동양철학도 소용이 있었다. 최근 세계 각국에서 논쟁이 되고 있는 안락사뿐만 아니라, 네덜란드를 비롯하여 미국·일본·영국·프랑스·스위스 등에서 소극적 차원에서라도 인정하고 있는 존엄사에 대한 지식도 필요했다. 더구나 한국에서도 2009년 5월 대법원에서 존엄사를 인정했다. 즉, 더 이상 생존 가능성이 없는 상태에서 산소호흡기에 의지하여 고통스럽게 생명

주제	주요 내용	비고
교육의 필요성	웰빙과 웰다잉, 인격적 죽음, 자살, 안락사와 존엄사	강의
죽음의 철학	죽음의 의미, 죽음의 과정, 사후의 세계, 임사체험, 생명의 영원성	강의
호스피스운동	호스피스의 의미, 영성치료, 현장 견학, 호스피스 체험	강의, 견학, 체험
유언장 쓰기	유언장의 의미 · 내용 · 공증 · 보관, 상속과 상속세, 유언장 쓰기 연습	강의, 체험
사전의료의향서 쓰기	의향서의 의미 · 내용 · 보관, 의향서 쓰기 연습	강의, 체험
장기와 시신 기증	장기와 시신 기증의 의미, 기증의 절차, 장기기증단체 견학	강의, 견학
장묘	장례의 의미, 장례의 절차, 입관체험, 매장 · 화장 · 자연장, 매장과 명당	강의, 견학, 체험

을 연장하기보다는, 그것을 제거하여 자연스럽게 죽음에 이르도록 하는 길이 법적으로 인정된 것이다.

대호 씨는 죽음준비교육을 전문으로 하는 프리랜서 강사로 입문하면서 죽음준비와 관련된 교육내용을 체계적으로 공부하고 정리했다. 죽음준비교육은 그야말로 죽음을 앞둔 인간이 준비해야 하는 다양한 내용을 포함하고 있었다. 죽음준비교육의 필요성과 죽음철학에 대한 이론적인 지식은 말할 것도 없고, 호스피스운동과 그 속에 포함된 영성치료에 대해서도 공부했다. 그리고 유언장 쓰는 것과 상속에 대한 법률적 지식도 필요했다. 또한 존엄사와 관련하여 사전의료의향서(事前醫療意向書, 환자가 병원에 입원하여 죽음을 앞둔 상황에서 의학적 조치에 대한 자신의 의도를 미리 명확하게 밝혀두는 것이다. 즉, 나중에 환자가 자신의 의사를 표시할 수 없는 중증인 상태에서 의료행위에 대한 자기결정권을 정하는 것으로써, 평화로운 죽음을 위한 예방조치라고 할 수 있다) 쓰기에 대해서도 자세하게 공부했다. 이 외에도 장기와 시신 기증에 대한 내용, 장례식의 의미와 절차, 다양한 매장방식(화장이나 자연장) 등에도 많은 사람들이 관심이 있어서 전문적인 공부가 필요했다. 그리고 한국은 세계에서 자살률이 가장 높은 나라이기 때문에 자살과 관련된 내용도 공부해야만 했다.

품위 있는 죽음

대호 씨가 죽음준비교육 전문강사로 나서면서 특히 공들여 공부한 분야는 죽는 방법에 관한 것이었다. 사람에게 중요한 것은 단지 사는 것이 아니라 어떻게 사는가이다. 죽음도 마찬가지다. 갑작스럽게 죽음을 당해서도 안 되겠지만, 그저 죽음을 맞이하는 것에서 끝나도 안 된다. 즉, 어떻게 죽는가가 중요한 것이다. 잘 사는 것만큼이나 잘 죽기 위해서는 적극적으로 그에 대해 공부하고 준비해야 한다. 물론 품위 있는 죽음을 맞기 위해서는 우선 죽음에 대한 자기권리를 획득하는 것이 중요하다. 스토아학파의 철학자들은 죽음에 대한 자기권리를 중시하여 자연사보다는 자살을 선호했다고 한다. 실제로 10여 년 전 프랑스의 유명한 철학자 질 들뢰즈(Gilles Deleuze)는 죽음을 스스로 결정하기 위해 자살을 선택했다고 한다. 오늘날 죽음에 대한 자기권리를 확보하기 위해 사전의료의향서의 작성이 확산되고 있다. 특히 환자를 치료하는 의사들이 앞장서서

이 의향서를 쓰고 있다고 하니, 이런 움직임이 확실히 필요한 것임은 틀림없는 듯하다.

물론 품위 있는 죽음은 단지 죽음에 대한 자기권리의 획득에서 그치지 않는다. 대호 씨는 어디에서 죽을 것인가와 어떤 환경에서 죽을 것인가에 관해 집중적으로 공부했다. 먼저 그는 어디에서 죽을 것인가가 매우 중요하다고 보았다. 그가 살펴본 통계에 의하면, 1996년에는 한국인의 18%만이 병원에서 죽음을 맞이했지만, 10년이 지난 2006년에는 55%가 병원에서 죽음을 맞이했다고 한다. 이후 병원에서 죽는 비율은 급격하게 상승하여 5년 후인 2011년에 88%가 되었다. 많은 사람들은 생명이 위독해지면 우선 병원에 간다. 그리고 대부분 산소호흡기에 의지하여 생명을 연장한다. 산소호흡기는 긴급한 상황에서 생명을 살려내는 중요한 의료장치이다. 그러나 뇌사상태인 식물인간에게 산소호흡기는 큰 의미가 없다. 오히려 스스로 숨도 쉬지 못하는 상태에서 강제로 숨을 쉬면서 엄청난 고통을 당한다. 따라서 병원보다는 집에서 차분하게 마음을 정리하고, 가족과 이별을 나누고, 장묘절차를 논의하면서 죽는 것이 낫다[영국의 주간지 ≪이코노미스트(The Economist)≫의 연구기관인 EIU(Economist Intelligence Unit)에서 2010년에 세계 40개국을 대상으로 죽음의 질을 평가한 결과에 따르면, 한국은 32위로 하위권이었다. 그 이유 중의 하나로 병원에서 죽는 비율이 높다는 사실이 꼽혔다]. 대호 씨는 헬렌 니어링(Helen Nearing)이 쓴 『아름다움 삶, 사랑 그리고 마무리(Loving and Leaving the Good Life)』에서 스코트 니어링(Scott Nearing)이 죽음을 공개하고 연인인 헬렌 니어링과 함께 대화하면서 자연스럽게 죽어가는 모습에 깊은 인상을 받았다. 물론 병원에서 죽음을 맞이할 수도 있다. 하지만 이를 위해 혼자 고독하게 죽어가는 것이 아니라 병동을 따로 만들어 인격적 죽음을 위한 제도와 문화를 구축하는 일이 시급하다고 보았다.

대호 씨는 의학적 죽음을 넘어 인격적 죽음을 맞이하기 위해서는 어디에서 죽을 것인가 하는 문제만큼이나 어떤 환경에서 죽을 것인가도 중요하다고 여겼다. 많은 사람들은 각종 사고를 통해 갑작스럽게 죽거나 서서히 죽더라도 병원에서 마지못해 죽어간다. 그러나 삶과 죽음이 연결되어 있고, 잘 죽는 것이 잘 사는 것만큼이나 중요하다면 죽는 방법에 대해서도 올바른 지식과 준비가 필요하다. 대호 씨는 바로 이 부분에 관심을 기울였다. 사실 인간은 죽은 자를 기리기 위해 아득한 옛날부터 복잡한 장례의식(儀式)을 시행해오고 있다. 한 인간의 죽음을 결코 소홀히 하지 않고 의미 있는 의식을 통해 저승으로 떠나보내려는 것이다. 그런데 '죽은 자'를 그렇게 엄숙하게 대우하면서도 '죽는 자'에게는 매우 소홀했다. 그가 공부한 바에 의하면, 불교에서는 죽는 순간의 생명상태를 매우 중시했다. 윤회를 믿는 불교에서 죽는 순간의 생명상태는 그것과 일치하는 우주생명과 융합하여 사후의 생명상태를 결정하고, 이것이 다시 태어나는 생명상태로 이어진다고 믿기 때문이다. 따라서 불교에서는 편안한 마음가짐으로 평화·환희·이타심·자비의 생명상태에서 죽는 것이 중요하다고 보았다.

그는 이 분야를 공부하면서 죽음연구가로 유명한 엘리자베스 퀴블러

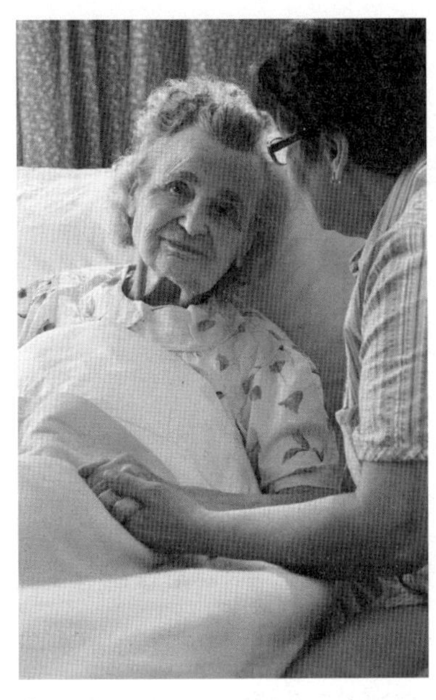

삶과 죽음 누구든지 죽지 않을 수는 없지만 어떻게 죽을 것인가에 대한 권리는 있다. 생명의 영원성에서 본다면 죽는 순간의 마음가짐과 환경은 다시 생(生)으로 돌아올 때의 상태와 밀접한 관련이 있다.

로스(Elisabeth Kübler-Ross)의 책도 많이 읽었다. 그녀에게 죽음이란 단지 생물학적 존재로서의 인간이 호흡을 정지하는 것이 아니었다. 죽음은 어떤 존재가 다른 존재로 이행하는 것이었다. 티베트의 불교지도자 달라이 라마(Dalai Lama)의 표현을 빌리자면, 죽음은 낡은 옷을 벗어던지고 새 옷을 갈아입는 갱생의 과정이다. 이는 그리스신화에 나오는 프시케(Psyche)의 사례에서도 알 수 있었다. 그야말로 죽음을 낙원으로 가기 위한 하나의 단계라고 보는 것이다. 이처럼 죽음은 실존의 중요한 과정이다. 그렇다면 죽는 환경이 매우 중요해진다. 그래서 죽음을 앞두고 공포와 두려움, 분노와 욕망에 휩싸여 있어서는 안 된다. 그런데도 많은 사람들은 죽음을 앞두고 공포감에 사로잡히고, 원한을 품고, 걱정거리로 고민하고,

유산으로 가족이 서로 싸우는 것을 지켜보며 죽어간다. 이는 결코 낙원으로 가는 길이 아니다. 죽는 순간은 편안한 환경 속에서 맞이하거나, 가족이나 가까운 지인들이 들려주는 성인(聖人)의 소리를 들으며 맞이해야 한다.

죽음준비교육의 확산

대호 씨는 철학도로서 새로운 길을 걷게 되었다. 그 길은 많은 사람들이 평소에 생각하지 않았던 길이다. 하지만 그는 지금 희망에 차 있다. 그가 죽음준비교육 강사라는 독특한 길에 발걸음을 내딛고 나서 살펴본 결과, 이 분야의 전망은 매우 밝았다. 사실 죽음준비교육의 확산은 교육 및 복지의 발전과 상관관계가 있다. 교육이 발달하면서 죽음에 대한 교육이 확산되는 것이다. 예를 들어, 미국에서는 이미 50년 전에 대학에 죽음준비와 관련된 과목이 개설되었을 뿐만 아니라, 초등·중등교육에서도 죽음준비교육을 교과목에 포함시켰다. 심지어 청소년에게 호스피스 봉사활동을 장려하고, 죽음의 과정을 견학하는 교육까지 시행했다. 그리고 복지가 발달하면 죽음준비에 대한 정부의 지원도 확대된다. 예를 들어, 일본에서는 2005년부터 죽음준비교육과 관련하여 정부예산 수백억 원을 책정해두고 있다. 한국에서도 청소년에게 죽음준비교육을 하기 위해 특별 프로그램을 운영하고 있고, 2006년부터 죽음준비교육에 대한 예산이 배정되었다. 정부의 주관하에 기부금을 모금하는 사회복지공동모금회 같은 곳에서도 죽음준비교육에 대해 자금을 지원하고 있다. 이러한 흐름은 앞으로 죽음준비교육이 노인뿐만 아니라 장년과 청소년에게로, 의사·성직자·호스피스 등 특수한 직업에서뿐만 아니라 일반인에게도 확산될 것이라는 조짐을 암시한다.

대호 씨는 죽음준비교육 강사로서 커리어 개발의 전망도 밝다고 본다. 죽음준비교육이 확산되면서 당장 강사의 공급이 부족하기 때문에 취업이나 소득에서 큰 걱정이 없다. 게다가 죽음학 관련 학과의 설치, 죽음학 강좌의 개설, 죽음학회의 설립, 청소년 죽음교육의 강화, 정부지원의 확대 등으로 다양한 직업이 생겨날 수 있다. 특히 죽음학은 신생학문이기 때문에 이 분야의 연구가 활발해지고 관련 학과가 늘어나면, 좀더 공부해서 교사가 되거나 교수로 나아가는 길도 있다. 앞으로 죽음준비교육의 유용성이 인정되어 확산된다면 이에 대한 대형 세미나가 열릴 뿐만 아니라, 텔레비전에서도 활발하게 토론이 진행될 수 있다. 게다가 죽음준비교육은 단지 찾아오는 수강자를 대상으로 교육하는 것에만 그치지 않고, 복지관·요양원·노인단체·학교·기업 등을 대상으로 프로그램의 기획에서부터 시작하여 교육을 진행하는, 일종의 프로젝트 형식으로 진행되고 있다. 이런 추세라면 죽음을 체계적으로 교육하는 사회적 기업을 설립하여 운영하는 일도 가능해진다.

오늘날 생명에 대한 관심이 부쩍 늘어나면서 죽음에 대한 사람들의 관심도 높아지고 있다. 아인슈타인(Albert Einstein)과 같은 과학자도 과학을 연구하는 내내 생명에 관심이 있었고 과학의 반대편에 있다고 하는 종교에도 관심을 보였다. 그가 절대적인 힘으로 인간의 운명을 좌우하는 신을 믿지는 않았지만, 모든 존재에 질서와 조화를 부여하는 이성의 신을 믿었다는 것은 이미 잘 알려진 사실이다. 생명에 관심이 있다는 것은 곧 죽음에도 관심을 보인다는 것을 말한다. 앞으로 문명이 발달하고 교육의 질이 높아지면, 당연히 죽음에 대해서도 담론이 확대되고 연구가 확산될 수밖에 없다. 정치 지도자, 대중 스타, 과학자들도 죽음에 대해 활발하게 말할 시대가 올 것이다. 대호 씨는 지금 사람들에게 평화로운 죽음을 안내하는 의미 있는 일을 하고 있다. 동시에 전도유망한 자신의 미래를 그려나가고 있다.

기업사회공헌 컨설턴트

기업의 가치를 높이는 전략을 제공한다

비주류의 길

경영대학을 다니는 명희 씨는 다른 친구들과 마찬가지로 취업문제로 고민이 많다. 특히 한국에서는 여성이라는 이유만으로 취업 스트레스를 더 많이 받아야 한다. 답답한 현실에서 새로운 돌파구를 찾기 위해 이런 저런 묘안을 생각하던 어느 날, 20년 전에 대학을 다녔던 선배와 이야기를 하다가 힌트를 하나 얻게 되었다. 20년 전 중국어 전공이었던 그 선배는 미팅이나 집단소개팅을 나갈 때, 자신의 학과를 다른 학과로 속였다고 했다. 영어과도 좋았지만, 프랑스어과나 독일어과에 다닌다고 해야 위신이 서고 또 여학생들이 좋아했다는 이유에서이다. 지금은 낯선 이야기이지만 당시만해도 유럽어 학과와 아시아어 학과는 그 위상에서 확연한 차이가 있었다. 그런데 20년이 지나자 상황이 역전되었다. 프랑스어과나 독일어과 출신은 헤매고 있는데, 중국어를 공부했던 선배들은 좋은 직장에서 화려하게 살고 있다는 것이다. 사회적 트렌드(trend)의 변화 때문에 벌어진 해프닝이라고 할 수 있다. 달리 말하면 비주류가 반드시 비주류로만 남아 있지 않는다는 사실이라고 할 수 있다. 수요와 공급에서 탄력적인 노동시장에서는 특히 그러하다.

명희 씨는 선배의 말을 듣고 나서 지금은 비주류이지만 앞으로 화려하게 주류로 등장할 수 있는 업종이 무엇일까 생각해보았다. 그러다가 커리큘럼에 공익마케팅 과목이 있는 것을 보고 눈을 번쩍 떴다. 경영대학에서는 기업마케팅을 배운다. 기업마케팅은 어떻게 하면 기업이 좋은 상품을 만들고, 이것을 시장에 팔아 더 많은 이윤을 남길 것인가에 초점이 맞추어져 있다. 그런데 공익마케팅은 이윤 극대화가 궁극적 목적이기는 하지만, 당장은 기업의 돈을 공익적인 목적에 투자한다는 점에서 오히려 기업마케팅의 반대라고 할 수 있다. 명희 씨는 그 과목을 수강했다. 예상했던 대로 수강생은 별로 없었다. 그러나 담당 교수는 강의를 시작하면서 앞으로 이 과목이 얼마나 중요한가를 곧 알게 될 것이라고 장담했다. 그야말로 지금은 비주류 과목이지만, 곧 주류 과목으로 등극하게 된다는 예언이었다.

그녀는 공익마케팅 강의를 듣고 나서 관심이 생겨 비영리경영에 대해 더 공부했다. 그리고 야간 시간을 이용하여 경영대학원에서 특별과정으로 개설되어 있는 기업사회책임(corporate social responsibility: CSR) 전문과정을 이수했다. 그 과정에서 사회공헌원리, 마케팅·컨설팅 기법, 기업가정신, 지역자원개발, 비영리평가, 사례연구 등을 공부했다. 이후 대학을 졸업하고 나서 그녀는 친구들과는 다른 길을 선택했다. 친구들은 주로 대기업에 취직하지 못해 안달했지만, 그녀는 ○○○○이라는 기업사회공헌 컨설팅 회사에 취직했다. 취직에는 큰 문제가 없었다. 필수과목이라고 할 수 있는 경영학을 전공한 데다가 비영리경영을 공부했고, 대학원 특별과정을 이수한 스펙도 있었기 때문이다. 그러나 사실 그녀가 비교적 손쉽게 취업을 한 것은 많은 친구들이 기업, 특히 대기업만 쳐다보고 정작 비영리경영에 관련된 회사에는 크게 관심이 없었기 때문이라고도 할 수 있다.

명희 씨가 취직한 회사는 기업의 사회공헌활동을 컨설팅한다. 많은 기업, 특히 대기업·공기업·다국적기업은 대부분 상당한 자금을 사회공헌활동에 투자한다. 그러나 아직 기업 내에서는 이러한 영역에 대한 전문가가 부족하여 사회공헌활동을 기업홍보의 일환으로 보거나, 아니면 단순하게 사회복지의 차원에서 업무를 추진하고 있다. 그러나 점차 이러한 방식에 한계가 있다는 사실을 깨닫고, 외부 전문 회사에 컨설팅을 의뢰하는 경우가 늘어나고 있다. 그리고 어느 정도 자본력이 있는 중견기업에서도 최근 사회공헌활동에 적극적으로 나서고 있다. 하지만 작은 기업에서는 이러한 활동을 담당하는 독립부서가 없기 때문에 주로 전문 컨설팅 회사에 아웃소싱(outsourcing)한다. 그러면 사회공헌활동 컨설

<표 11-1> 기업 사회공헌활동 컨설팅 업무

주요 업무	특징	대상
사회공헌활동 컨설팅	기업 사회공헌활동 프로그램을 형성하여 제공	기업(특히 대기업, 공기업, 다국적기업)
교육사업	사회공헌활동에 대한 단기적 교육을 실시	기업 사회공헌 담당자, 사회공헌 부서 취업희망자
워크숍, 해외연수	기업 사회공헌활동에 대한 집중 교육 및 해외 사례 탐방	기업 사회공헌 담당자, 사회복지단체, 재단, 대학, 노동조합 간부
공동 프로젝트 진행	기업 사회공헌활동 공동 진행 및 각종 전문회의 개최	기업 사회공헌활동 담당자
사회공헌백서 제작	기업의 사회공헌백서를 대신 제작	사회공헌활동을 하고 있는 기업

팅 회사에서는 기업의 내부환경과 외부환경을 체계적으로 분석하고 국내외 비슷한 성공사례를 탐색한 다음에 최적의 사회공헌활동 프로그램을 제안한다. 그리고 기업이 이러한 프로그램의 진행과정에서 나타나는 문제에 대해 자문하여 나중에 그 결과를 평가하고 피드백을 제공한다. 물론 개별 기업의 경영철학과 조직문화를 파악하고 이에 부합하는 사회공헌 프로그램을 형성하는 것이 업무의 핵심이다.

명희 씨가 소속된 회사는 기업 사회공헌활동에 대해 기업 담당자를 교육하기도 하고, 워크숍이나 해외연수를 주관하기도 한다. 그리고 기업의 파트너가 되어 공동으로 프로그램을 실행하기도 하고, 기업의 사회공헌백서를 대신 제작해주기도 한다. 건설팅 회사도 하나의 기업이라는 점에서는 최대한 고객을 확보하여 매출을 늘리고 이윤을 확보해야 한다. 그러나 일반 기업처럼 과도하게 이윤을 추구하지는 않는다. 조직도 수평적 소통을 강조하는 팀제여서 상하 간의 위계가 엄격하지 않다. 이것은 주 사업인 기업사회공헌 프로그램 자체가 그러한 성격을 띠고 있기 때문이기도 하다. 기업사회공헌이 기업에서 새로운 영역으로 부상하고 있는 반면, 이를 다루는 컨설팅 회사가 그리 많지 않다는 점에서 이 분야의 전망은 밝은 편이다(현재 한국에는 엔씨스콤, Korea CSR, 라임글로브, 마크스폰, Inno CSR 등과 같은 기업 사회공헌활동 컨설팅 회사가 있다).

기업경영 패러다임의 전환

명희 씨가 기업의 사회공헌활동 컨설팅 회사에 취직한 이후 이 분야에 전망이 있다고 생각하는 이유는, 기업경영 패러다임이 이 분야에 유리한 쪽으로 바뀌고 있기 때문이다. 신고전학파 경제학에서 말하는 기업은 이윤을 추구하는 조직이었다. 따라서 기업은 이윤추구 활동을 통해 경제를 성장시키고, 자원을 효율적으로 사용하며, 고용을 창출하는 것으로 사회적 책임을 다한다고 생각했다. 그러나 오늘날에는 인류가 직면한 각종 사회문제, 예를 들어 자원고갈 · 환경오염 · 공동체해체 등을 비롯하여 다양한 사회문제에서 기업도 자유로울 수 없다는 의식이 지배적이다. 기업의 생산활동이 진공상태에서 이루어지는 것이 아니라, 사회와 상호작용하면서 각종 사회문제를 유발하고 사회적 비용을 초래하기 때문이다. 실제로 현대사회에서 기업은 단지 지배주주의 소유라는 개념을 넘어서 다양한 행위자와 결합하여 네트워크를 형성하고 있다. 이제 기업은 기업으로서 성공하기 위해 고유한 이윤추구의 목표와 사회적 책임이라는 시민적 요구를 서로 조화시키지 않을 수 없게 되었다. 물론 이러한 경향에 따른 변화는 국가의 경계를 넘어 세계적인 차원에서 일어나고 있다.

기업의 사회적 책임이 강조되면서 윤리경영의 중요성이 부각되고 있다. 즉, 기업이란 단순히 상품의 가격이나 품질만 경영하는 것이 아니라, 환경보호, 직원의 복지증진, 양성평등, 노사관계 구축, 협력사와의 협력, 지역사회 공헌 등도 관리해야 한다는 것이다. 기업도 좋은 시민의 역할을 해야 한다는 기업시민정신(corporate citizenship)이라는 용어도 등장했다. 윤리경영은 일종의 사회적 트렌드이기 때문에 여기에 적응하지 못하는 기업은 도태된다는 주장이 확산되고 있는 실정이다. 이 때문에 성공적인 기업이 되기 위해서는 이윤을 많이 남길 뿐만 아니라, 사회적 책임도 훌륭하게 수행해야 한다. 다시 말해 사회적 책임을 제대로 수행하지 못하면 기업의 이윤도 많이 남길 수 없다는 것이다. 이렇게 본다면 기업의 사회적 책임은 일종의 기업의 생존전략이 되는 셈이다. 따라서 오늘날 세계 일류기업은 사회적 책임을 수행하겠다고 공개적으로 표명하고 사회적 투자에 적극적으로 나선다. 이것은 기업 사회공헌활동 컨설팅 회사에 근무하고 있는 명희 씨에게는 반가운 일이다.

명희 씨는 윤리경영의 일환으로 이루어지는 기업의 각종 사회공헌활동이 억지로 이루어지는 활동이라기보다 시대적 변화에 따른 산물이라는 사실을 알게 되었다. 이러한 시대적 변화를 이끄는 힘은 물론 시민사회의 성장에 따른 소비자의 인식변화이다. 과거의 소비자는 주로 상품의

윤리경영 대상 수상자 기업의 경영 패러다임이 변화하여 이제 기업의 윤리경영은 선택이 아닌 필수가 되었다. 윤리경영을 잘하는 기업일수록 기업의 이미지가 좋아져 기업이윤에도 긍정적으로 작용하는 것으로 나타났다.

가격과 품질에 따라 구매행위를 했다. 그러나 시민의식이 점증하면서 이제 소비자도 윤리구매를 한다. 즉, 가격과 품질 외에 그 회사의 사회공헌활동까지 고려하면서 구매행위를 한다는 것이다. 주로 1990년대부터 이에 대한 조사가 진행되어 왔는데, 미국의 경제 주간지 ≪비즈니스위크(Bloomberg Businessweek)≫에 의하면 미국 소비자의 85~90%가 윤리구매를 하거나 할 예정이라고 답변했다. 기업 이미지의 결정에도 상품의 평판이나 경제성장에 대한 기여보다 오히려 사회공헌활동을 이행하는 것이 더 중요한 요소로 작용하는 것으로 나타났다. 이러한 경향은 한국이라고 해서 예외가 아니다. 전국경제인연합회의 조사에 의하면 한국에서도 기업의 CEO와 일반시민의 80~85%가 기업의 사회공헌활동이 기업

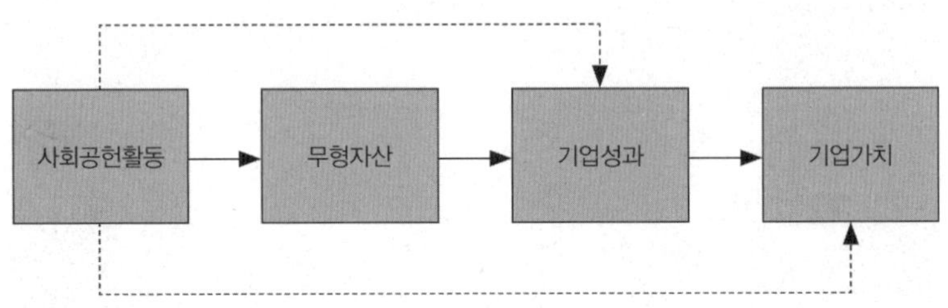

가치를 높이는 데 중요하다고 응답했다. 소비자가 이렇게 인식하고 있는 한 기업으로서는 사회공헌활동을 회피할 수 없는 노릇이다.

그녀는 기업 담당자를 만나면 사회공헌활동이 시대적 대세임을 항상 강조한다. 기업의 사회공헌활동이 기업의 성과는 물론, 한걸음 더 나아가 기업의 가치를 높이는 시대가 온 것이다. 기업의 사회공헌활동이 기업의 성과에 직접적으로 영향을 미치지 않는다는 반론도 있으나, 양자 간에 밀접한 상관관계가 있다는 연구결과가 주류를 이루고 있다. 각종 사회공헌활동이 기업 이미지, 종업원의 충성, 경영진의 리더십, 종업원의 잠재적 지지, 지역사회의 기업환경 등에 긍정적으로 작용하고, 이러한 무형자산이 장기적으로는 기업의 성과와 가치에 영향을 미친다는 것이다. 실제로 세계적으로 이름난 신용평가회사에서 기업의 가치를 평가하거나 신용등급을 매길 때, 사회공헌활동을 중요한 요소로 포함하고 있다. 예를 들어, 미국의 경제전문지인 ≪포천(Fortune)≫은 기업평가의 8대 항목 중에서 사회공헌활동을 하나의 항목으로 채택하고 있다. ≪비즈니스 에식스 쿼터리(Business Ethics Quarterly)≫라는 경제전문 잡지에서는 심지어 매년 기업의 사회공헌활동을 평가하고 순위를 발표하기도 한다. 이렇게 되자 기업들은 단순히 자선이나 도덕적 의무를 행하는 차원을 넘어 경영전략의 차원에서 각종 사회공헌활동을 실행하지 않을 수 없게 되었다.

기업 사회공헌활동의 내용

명희 씨는 기업 사회공헌활동을 다루면서 여기에 다양한 방식이 있다는 사실도 알게 되었다. 초기에는 기부금을 내거나 물품을 제공하는 자선적 성격이 강했다. 그러나 요즘 기업의 사회공헌활동은 전략적으로 이루어지고 있다. 기업은 기부금을 제공할 뿐만 아니라, 각종 사회문제를 해결하는 데 직접 자원봉사활동을 조직하여 투입하기도 하고, 기업재단을 설립하여 환경보호 · 청소년선도 · 빈곤구제 등과 같은 사회문제에 체계적으로 대응하기도 한다. 심지어 기업의 성과와 직접적인 관계가 없는 영역에서 건강한 사회 추구라는 보편적 목적을 지향하는 시민모델(civic model)을 적용하는가 하면, 근대 물질문명의 한계를 넘어 일상적 삶에 문화적 · 예술적 가치를 구현한다는 예술모델(artistic model)이 실험되고 있기도 하다. 물론 오늘날 기업의 사회공헌활동은 지역사회나 민족국가의 경계를 넘어 세계적 규모로 진행되고 있다. 전쟁 · 기아 · 환경파괴 등과 같은 전 지구적 차원의 문제를 극복하기 위해 기업도 책임감을 느끼고 행동하는 것이다.

기부금은 기업의 전통적인 사회공헌활동 방식이며, 요즘 적극적으로 기업이윤의 1%를 기부하자는 '1%클럽' 운동이 벌어지기도 한다. 심지어 기업이윤의 10%를 기부하는 회사도 있다. 그리고 기업의 상품 판매금액 일부가 자동적으로 공익목적에 기부되도록 하는 공익연계마케팅(cause-related marketing: CRM)도 활발하다. 기업의 봉사활동도 활발해지고 있는데, 이것은 봉사활동이 기부금 제공보다 소비자의 선호도에 더 긍정적인 영향을 미친다는 연구결과가 많기 때문이다. 더구나 기업의 봉사활동이 상업광고보다 기업가치를 증진하는 데 효율적이고, 직원의 사기증진에도 커다란 영향을 미친다고 한다. 2003년 미국의 컴퓨터회사인 IBM이 조사한 바에 따르면, 기업봉사활동을 활발히 한 기업이 그렇지 않은 기업에 비해 직원의 사기가 3배나 높았다고 한다. 기업재단의 설립을 통한 사회공헌활동은 자금이 풍부한 대기업의 접근방식이었으나, 최근에는 벤처기업도 기업재단 설립을 선호하고 있다. 물론 기업들은 국제기구나 정부와 함께 거버넌스(governance)를 실행하기도 하고, 각종 NGO와 공동 행동을 취하기도 한다.

명희 씨는 기업의 사회공헌활동이 세계적인 경향이라는 것에 고무되었다. 기업의 사회공헌활동이 기업의 성과와 가치에 중요한 영향을 미침에 따라 세계적인 기업들은 사회공헌활동을 활발하게 전개하고 있었다. 미국의 IBM, AT&T(American Telephone and Telegraph Corporation), CHASE(JPMorgan Chase Bank), 제록스 등과 같은 대기업, 유럽의 아우디, 노키아와 같은 세계적 기업, 일본의 도요타, 미쓰비시와 같은 핵심기업은 거의 다 사회공헌활동에 참여하고 있다. 예를 들어, 직원이 1달러 기부할 때 회사도 1달러를 보조하는 AT&T의 연계기부(Matching Gifts) 프로그램, 임직원이 최대 1년까지 월급을 받으면서 봉사활동을 하는 제록스의 사회봉사휴가(Social Service Leave) 프로그램은 이미 세계적으로 유명하다. 도요타의 중국 시후 호(西湖) 수질개선 및 네팔 약용식물보존 프로젝트, 노키아의 사랑의 공부방(Make a Connection) 및 사랑의 손길(Nokia Helping Hands) 프로그램도 이름이 나 있다.

그녀가 알아본 바에 의하면 한국에서도 기업의 사회공헌활동이 활발하게 이루어지고 있었다. 전경련(전국경제인연합회)이 2003년 378개 기업을 대상으로 조사한 결과에 따르면, 78%가 각종 사회공헌활동에 참여하고 있었다. 그리고 202개 단체를 대상으로 한 조사결과에서는, 개별기업의 연평균 사회공헌활동 지출이 54억 원에 달했다. 요즘 삼성전자, 현대자동차와 같은 대기업의 사회공헌활동 지출은 연간 1,000억 원이 넘는다. 삼성전자, 현대자동차, SK, 교보생명, 유한킴벌리처럼 선호도가 높은 기업에서는 다양한 사회공헌활동을 하고 있다. 삼성전자는 사내에 250여 개의 사회봉사단을 조직하여 지원하고 있고, 현대자동차는 장애인 이동편의(Easy Move)와 글로벌 청년봉사단(Happy Move) 프로그램을 운영하고 있다. 그리고 SK는 행복도시락 배달사업을 하고 있고, 교보생명은 다솜이 사회봉사단을 조직하여 운영하고 있다. 유한킴벌리는 '우리 강산 푸르게 푸르게' 캠페인과 함께 '생명의 숲 국민운동'을 오랫동안 진

현대자동차의 해피무브 글로벌 청년봉사단 이미 세계적인 기업이 된 현대자동차는 장래 국가의 미래를 짊어질 글로벌 청년리더를 양성하고 한국의 문화를 세계에 소개한다는 취지에서, 매년 수천 명의 대학생으로 구성된 봉사단을 세계 각국에 파견하고 있다(사진 자료: 김용백).

행해왔다. 이들 기업은 NGO와 협력하거나 심지어 NGO의 활동 및 연구에 대해서도 적극적으로 지원한다. 실제로 그녀가 소속한 컨설팅 회사의 영업활동을 보면 대기업들은 어떤 형태로든 각종 사회공헌활동을 하고 있었다.

기업사회공헌 컨설턴트의 전망

명희 씨는 기업사회공헌 컨설팅 회사에서 근무하면서 항상 기업의 사회공헌 담당자를 만난다. 대기업에서는 전략기획실, 홍보실, 사회문화팀 등에 사회공헌을 담당하는 직원을 두고 있다. 이러한 직원들은 자기 기업의 경영과 문화에 대해서는 잘 알고 있지만, 아직 사회공헌활동을 주로 사회적 의무나 사회복지의 차원에서만 바라보고 있다. 이러한 전략이 초기에는 커다란 갈등 없이 그대로 진행되었으나, 그 효과에 대해 문제가 제기되고 이윤 창출에 전념하는 다른 부서가 견제함에 따라 어려움에 직면하게 되었다. 특히 대외적인 경제위기를 맞거나기업의 매출이 줄어들면 제일 먼저 사회공헌활동에 대한 투자를 삭감한다. 상황이 이렇기 때문에 요즘 사회공헌활동을 전문으로 하는 컨설팅 회사의 이용이 늘었다. 이는 기업 직원의 능력한계에 따른 전문성의 도입이라는 측면도 있지만, 외부의 전문가를 통해 자기 부서의 위상을 확보하려는 전략이기도 하다. 그 덕분에 기업 사회공헌활동 컨설팅 회사들의 매출도 늘어났다.

명희 씨가 기업사회공헌 컨설턴트로서 희망을 갖는 이유는 자신의 커리어 개발에서도 전망이 매우 밝기 때문이다. 현대사회는 기업의 사회적 책임을 강조하는 시대이므로 앞으로 기업의 사회공헌활동이 줄어들 것이라고는 예측하기 어렵다. 경제위기가 닥쳐 단기적으로 이 분야에 대한 투자가 삭감될 수는 있지만, 장기적으로 본다면 점점 늘어날 수밖에 없는 구조이다. 따라서 대기업뿐만 아니라 중견기업이나 벤처기업에서도 점점 사회공헌활동을 중시하고 있다. 더구나 요즘 공기업이나 국내에 들어와 있는 다국적기업도 사회공헌활동에 적극적으로 나서고 있다. 그 때문에 새로 사회공헌활동을 시작하거나 기존의 방식에서 벗어나 전략적으로 사회공헌활동을 전개하려는 회사에서는 경력직을 모집하려고 한다. 따라서 사회공헌활동 컨설팅 회사에서 경력을 쌓은 전문가는 다른 기업으로 스카우트될 수 있는 기회가 많다. 특히 경력이 충분한 사람은 이사와 같은 고위직으로 스카우트되기도 한다.

기업은 시장에서 상품을 생산하고 판매하는 조직이다. 따라서 시장의 기본원리인 경쟁과 이윤추구라는 목적에 매여 있다. 기업의 구성원은 모두 이 두 가지의 원리에서 벗어날 수 없다. 경쟁에서 져서 이윤을 낼 수 없는 기업은 사라지고, 그렇게 되면 그 회사의 직원은 해고를 당해 직장을 잃는다. 그래서 모든 기업의 직원은 시장 경쟁에서 살아남기 위해 몸부림친다. 기업의 직원들이 장시간 노동에 시달리고 업무에서 많은 스트레스를 받는 것도 이 때문이다. 그런데 명희 씨가 근무하는 비영리마케팅 회사나 그녀가 앞으로 갈 수 있는 기업의 사회공헌 팀은 직접적으로 매출을 늘리고 이윤을 창출하기 위해 활동하는 부서가 아니다. 궁극적으로 기업의 이미지를 증진하고 기업의 가치를 높여 매출과 이윤을 늘리려고 하지만, 그것은 장기적인 목표일 뿐이다. 직접적으로는 기업의 자금을 사회적 책임과 관련된 활동에 투입하는 일을 한다. 즉, 돈을 벌어들이는 부서가 아니라 쓰는 부서인 것이다. 그만큼 이윤과 관련된 업무 스트레스를 적게 받는다.

기업의 사회공헌 팀에서 근무하는 사람의 장점은 업무 스트레스를 적게 받는 것뿐만이 아니다. 이런 부서는 항상 외부의 고객과 활발하게 상호작용하게 되어 있다. 특히 네트워크를 중시하기 때문에 외부의 행위자와 밀접한 관계를 유지해야 한다. 또한 이러한 네트워크는 국제적 차원

업무 스트레스의 해소　업무 스트레스는 식욕감소나 비만, 불면이나 불안과 같은 증상을 초래할 뿐만 아니라, 우울증의 원인이 되기도 한다. 사회공헌활동 부서에서 근무하는 회사원은 일반 회사원에 비해 상대적으로 스트레스를 적게 받는다.

에서 전개되기 때문에 외국으로 출장도 자주 간다. 이런 점에서 이 분야에서 일하면 업무가 활동적일 뿐만 아니라 글로벌 차원에서 많은 경험을 쌓을 수 있다. 그런가 하면 사회공헌 팀에서 근무하는 사람은 상대적으로 정년이 길다. 다른 부서에서는 나이가 들고 승진을 하지 못하면 곧바로 퇴출되기 때문에 해고에 대한 걱정도 많다. 그러나 사회공헌활동 담당부서에서 일하는 사람은 상대적으로 나이에 크게 구애받지 않는다. 사회적으로 지지를 받기 위한 사회공헌활동의 업무 성격상 반드시 나이가 젊다고 해서 유리하다고 할 수 없기 때문이다. 기업의 사회공헌활동과 관련된 직장의 이러한 장점 때문에 업무에 더욱 적극적으로 임할 수 있고, 앞으로의 커리어 개발도 매우 희망적으로 바라본다. 물론 기업사회공헌 컨설팅 회사는 상대적으로 창업이 쉽기 때문에 어느 정도의 경험과 인적 네트워크를 쌓아 직접 회사를 설립할 수도 있을 것이다.

12

대안학교 교사
청소년을 위한 올바른 교육을 고민한다

한 편의 영화

엄격하고 보수적인 ○○고등학교에 한 남자선생이 전근을 왔다. 2학년 3반 아이들은 실망했다. 멋진 총각선생도 예쁜 여자선생도 아니었다. 게다가 흰 머리카락이 제법 있는 것이 나이가 50세는 되어 보였다. 허우대만 컸지 생김새도 어리숙해 보였다. 한 가지 관심을 끄는 점이 있다면 생긴 것과는 다르게 말을 잘한다는 것이었다. 그렇기는 하지만 교사가 말로 먹고 사는 직업이니 말 좀 잘한다고 아이들의 기대를 채울 수는 없었다. 그런데 그 선생이 보통이 아니라는 소문이 퍼지기 시작했다. 학생들이 각개전투로 도전해보고 협공작전을 써서 대들어보기도 했으나, 번번이 나가떨어졌다.

물론 학생 쪽이 패배하는 것은 꼭 지식이 모자라서가 아니었다.

이른바 '짱대선생'의 등장으로 학교는 흥분으로 가득 찼다. 원래 보수적인 ○○고등학교에는 고루한 '대쪽선생'이 많았다. 그런데 그는 바람에 흔들리지 않는 답답한 나무가 아니라 바람에 따라 유연하게 흔들리면서도 꺾어지지 않는 대나무였다. 학생들이 그토록 고대했던 대나무였으니 '짱'대나무, 짱대선생이었던 것이다. 학생들은 경직된 교육정책, 관료적인 학교, 권위적인 교사, 억압받는 학생자율성, 재미없는 수업 등에 불만이 많았다. 하지만 짱대선생은 ○○고등학교의 다른 선생은 말할 것도 없고 일반적인 선생들과 확연히 달랐다. 우선 짱대선생은 다른 선생과는 달리 학생들이 불만을 토로하는 것을 막지 않았다. 아니, 오히려 그것을 주제로 수업시간에 토론하는 것을 즐겼다. 그리고 짱대선생은 그러한 불만의 문제점에 대해 죄다 알고 있었다. 아니, 알고 있는 정도가 아니라 발생배경, 구조적 모순, 해결방안까지 꿰차고 있었다. 또한 짱대선생은 학생들의 불만에 대해 항상 학생들이 수긍할 만한 의견을 내놓았다. 그러니 학생입장에서는 싸움다운 싸움을 제대로 해보지 못하고 패배할 수밖에 없었다.

짱대선생의 등장과 함께 학생·짱대선생 동맹과 교장·대쪽선생 동맹이 곳곳에서 불꽃 튀는 신경전을 벌이며 부딪혔다. 학생들은 이것을 짱대 대 대쪽의 일대 결투라 명명하고, 결국에는 짱대가 이길 수밖에 없다고 전망했다. 짱대 동맹은 학교교육을 개혁하고 학교정책에 학생의 의견을 수렴할 것을 강조했다. 그리고 새로운 수업방식을 실시해 자유와 활력이 넘치는 학교를 만들자고 요구했다. 물론 학생들의 과도한 요구에 대해서는 짱대선생이 나서서 설득하여 일정한 조정이 이루어졌다. 그러나 대쪽 동맹은 학생들의 의견을 무시하고 개진 자체를 불허한다고 엄포를 놓았다. 그리고 학생들의 배후에 짱대선생이 있다고 몰아붙였다.

그러던 와중에 사건이 엉뚱한 곳에서 터졌다. 학생인권조례가 사회적 논쟁거리가 되자, 교무시간에 짱대선생이 학생의 인권을 언급하며 학생들의 요구에 귀를 기울여보자고 발언했다. 그러자 마치 기다리고 있었다는 듯이 교장선생이 버럭 화를 내며 짱대선생을 빨갱이로 몰아붙였던 것이다. 그러고는 짱대선생에게 반성의 표시로 일주일 동안 가슴에 빨간 리본을 달도록 하는 '주홍글씨 형벌'을 내렸다. 하지만 여기까지는 갈등을 봉합할 수 있는 수준이었다. 다른 선생들, 심지어 이름난 대쪽선생들도 그것은 너무하다고 말렸기 때문이다. 그런데 문제는 짱대선생이 아무 일 없다는 듯이 "그렇게 하겠습니다"라고 대답을 한 것이었다. 짱대선생은 그다음 날부터 오른쪽 가슴에 빨간 리본을 달았다. 이 사실은 곧 전 교정에 퍼져 나갔고, 그다음 날 학생들도 모두 오른쪽 가슴에 커다란 빨간 리본을 달고 등교했다. 심지어 그다음 날에는 짱대선생이 출근할 때 교문 앞에서 아예 빨간 깃발까지 흔들어댔다. 당황한 것은 교장선생과 대쪽선생들이었다. 짱대선생이 빨갱이라면 학생들은 그보다 더한 빨갱이이고, 교장은 바로 그 빨갱이들을 가르치는 총수가 되어 버린 것이다. 급기야 교장선생은 짱대선생을 교장실로 불러 엄중한 척 말했으나, 실은 간곡한 말투로 리본을 떼도록 부탁하지 않을 수 없었다.

대쪽 동맹에서 재반격의 채비를 하고 있을 즈음, 아니 이게 웬 날벼락인

학생인권조례 통과 요즘 중고등학생은 자신의 권리에 민감할 뿐만 아니라, 집단행동을 통해 직접 권리를 요구하기도 한다. 사진은 학생인권조례 제정에 대해 찬성하는 학생집회의 모습이다.

가? 싸움은 싱겁게 끝나버렸다. 짱대동맹의 대장이 배신을 한 것이다. 무슨 일인지 교장선생에 대한 짱대선생의 태도가 갑자기 눈에 띄게 달라지면서 학생의 인권에 대해서는 일절 언급하지 않기 시작했다. 심지어 일부 사안에 대해서는 교장선생의 의견에 동조했다. 학생들은 실망이 이만저만이 아니었다. 자구책을 마련하려고 안간힘을 썼지만, 모든 바람을 막아주던 대장이 없는 졸(卒)의 집합은 그야말로 추풍낙엽이었다. 학생들이 할 수 있는 것은 겨우 짱대선생의 별명을 '쪽대선생'으로 바꾸는 것이었다. '쪽팔리는 대나무'라는 뜻이었다. 그리고 수업시간 한눈팔기, 인사 안 하고 피하기, 말 안 걸기 등의 온갖 작전을 썼지만 쪽대선생은 돌아오지 않았다. 6개월이 지나 2학년은 3학년이 되었다. 아니나 다를까, 쪽대선생은 교감선생이 되었다. 학생을 배신하고 교장에게 아첨을 떨더니 교감으로 승진한 것이다. 학생들은 이제 희망도 없이 이대로 고등학교 학창시절이 끝나겠다며 탄식했다.

그러나 하늘은 착한 학생들을 버리지 않았다. 교장선생에게 문제가 생겨 자리가 비자 교감선생이 임시 교장이 되었다. 일부러 자세를 낮추고 기다리고 있었던 것일까? 짱대선생은 원래 자신의 교육 비전을 제시하고 선생들을 설득하여 그것을 하나하나 실천하기 시작했다. 학교는 크게 술렁대기 시작했다. 장학사가 왔다 가고, 대쪽선생들이 집단반발하며 역모를 꾸밀 조짐까지 보였다. 그러나 학생들은 왕짱대가 돌아왔다고 휘파람을 불며 환호했다. 교복이 자유로워졌고, 두발도 완화되었다. 교사와 학생의 소통, 토론식 수업, 현장체험, 동아리활동, 학생의 의사결정 참여 등의 엄청난 변화가 일어났다. 그런데 하늘은 꼭 정의로운 자를 시험하려고 시련을 주는 것일까? 4개월도 되지 않아 정규 교장이 새로 부임한 것이었다. 짱대선생은 다시 교감으로 돌아가는 것이 불가능하다고 보고, 조기퇴직을 결정했다. 학생들의 성대한 환송을 받으며 짱대선생이 결국 선택한 길은 대안학교였다. 마지막까지 그의 교육철학을 실천하기 위하여!

이것은 최근에 인혜 씨가 본, 전국에서 인기를 끌고 있는 <짱대선생>이라는 영화의 내용이다. 그녀는 고등학교 시절 절친한 친구를 잃었다. 친구는 공부도 잘하는 모범생이었다. 그런데 하루는 수업내용을 두고 교사와 친구가 실랑이를 벌이다가 화가 난 교사가 친구를 때렸고, 친구는

평소답지 않게 대들면서 사달이 났다. 나중에야 안 사실이지만, 그 교사
는 임신 중이었다. 친구는 늦게서야 반성문을 써 내고, 부모가 학교로 달
려와 선처를 부탁했다. 처음에는 문제가 해결되는가 싶더니 엄격한 교무
위원회에서 본보기로 삼는다며 결국 친구의 강제전학을 결정했다. 친구
는 전학 간 학교에서 적응하기가 어려워서였는지, 모범생의 자존심 때문
이었는지, 아니면 다른 문제가 있었는지, 자살이라는 선택을 하고 말았
다. 친구를 잃은 인혜 씨는 엄청난 충격을 받을 수밖에 없었다.

대안학교의 교육

인혜 씨는 어려서부터 교사가 되는 것이 꿈이었다. 사실 교사는 청소
년들이 가장 선호하는 직업이기도 하다. 인혜 씨는 심리학을 전공했지만
교사가 되기 위한 단계를 밟으면서 임용고시까지 마쳤고, 이제 교육대학
원 석사학위 논문만 남아 있다. 인혜 씨는 학교에 부임해 새로운 방식으
로 청소년들을 교육하는 훌륭한 교육가가 되고자 하는 기대에 부풀어 있
었다. 그러나 <짱대선생>을 보고 나서 대안학교 교사가 되기로 마음을
먹었다. 일반학교로 간다면 그녀도 짱대선생처럼 결국은 자신의 꿈을 실
현하지 못하고 무너질 수밖에 없다고 생각했기 때문이다. 대안학교 교사
는 일반학교 교사보다 근무시간이 많은 데다가 월급도 적다. 그렇지만
기존의 제도적 틀에 얽매여 앵무새처럼 지식을 전달하는 것이 아니라,

특정한 목적에 맞추어 자유롭게 교육할 수 있는 기회가 보장된다. 교육에 대한 열정 아래 이를 통한 자기성장도 가능하다.

인혜 씨는 대안학교 교사로 진로를 정하고 대안학교에 대해 알아보았다. 대안학교는 오늘날 한국 사회에서만 논의되고 실행되는 쟁점이 아니었다. 서구사회에서는 이미 1920년대부터 대안학교가 있었다. 1919년 설립된 독일의 발도르프(Waldorf) 학교와 1921년에 설립된 영국의 서머힐(Summerhill) 학교가 그 대표적 사례이다. 발도르프 학교는 독일의 담배 공장 사장이었던 에밀 몰트(Emil Molt)가 인지학의 창시자인 루돌프 슈타이너(Rudolf Steiner)의 철학에 기초하여, 경쟁과 능력이 아니라 통합적 인간의 정신성을 계발하는 데 초점을 두고 만든 학교다. 8년 담임제, 집중수업, 손과 가슴의 사용, 자연친화, 예술교육, 교과서 없는 수업 등이 특징이다. 1994년 유네스코에서 세계교육개혁 모델로 선정되었고, 전 세계에 이 모델을 따르는 3,000여 개(2008년 통계)의 학교가 있다. 한국에서도 푸른숲학교, 과천자유학교, 구름산학교, 부산사과나무학교 등이 발도르프 교육이념을 실행하고 있다. 서머힐 학교는 영국의 교육사상가 알렉산더 닐(Alexander Suntherland Neill)이 세운 대안학교로서 근본적으로 착한 어린이의 본성을 계발하기 위해 학생을 학교에 맞추는 것이 아니라, 학교 시스템을 학생에 맞추어 자유롭게 교육하는 것을 강조한다. 간섭의 최소화, 학생자율의 극대화, 민주주의의 원리, 조화로운 인간관계 등을 중시한다.

인혜 씨는 대안학교를 정규학교 부적응아를 위한 교육기관 정도로 인

파주 하나인학교 파주에 위치한 대안학교인 하나인학교에서는 교사, 학부모, 학생이 서로 협력하여 자율적인 독서와 탐구를 통한 주체적인 학습을 강조한다. 자연친화, 공작, 과학실험 등을 통해 생명을 중시하고 창의를 계발하도록 유도한다(사진 자료: 하나인학교).

식하고 있었으나, 알고 보니 이는 대안학교에 대한 정확한 규정이 아니었다. 오히려 오늘날 대안학교는 단지 부적응아를 교육한다는 소극적·종속적 의미보다는 기존의 공교육체제에서 벗어나 새로운 방식으로 독특한 교육목적을 실현한다는 적극적·독립적 의미가 강했다. 대안학교에서 추구하는 교육목적은 매우 다양했다. 학생중심 교육, 자율교육, 자연주의적 가치관, 인간평화, 공동체적 가치, 노동중시, 작은 학교, 지역사회공헌 등을 예로 들 수 있다. 한국은 전 세계에서 진행되는 학교교육 평가(TIMMS, PISA)에서 학업성취도는 늘 최상위권이지만, 교사 1인당 학

분류		주요 특징	사례
전일제형	특성화학교	특정분야 인재양성을 위해 교육부가 인가한 학교	성지중고등학교(서울), 간디고등학교(경상남도 산청), 한겨레중고등학교(경기도 안성)
	비인가학교	특정한 교육목적을 지향하되 정규학교로 인정받지 못함	진솔대안학교(전라북도 진안), 들꽃피는학교(경기도 안산), 도시속작은학교(서울)
	위탁교육기관	학교생활을 지속하기 어려운 학생의 학업을 지원	꿈타래학교(서울), 미래학교(서울), 부산자유학교(부산)
프로그램형	계절학교	계절별로 특정한 프로그램을 진행	민들레(서울), 두밀리자연학교(경기도 가평), 또하나의문화(서울)
	방과후학교	학교수업을 보완하는 역할을 수행	경기창조학교(경기도 수원), 여럿이함께만드는학교(경기도 안성)
	홈스쿨링	집에서 여러 부모가 업무분담과 협력으로 교육 시행	

생수, 수업 흥미도, 학생 자신감 등에서는 최하위권이다. 그렇다 보니 학교의 교육체계는 무너지고 대부분 사교육에 의존하고 있으며, 학생들의 자유로운 사고와 다양한 체험, 상상력과 창의력의 계발 등이 제대로 실현되지 못하고 있다. 이러한 문제를 극복하기 위해 기존 학교체제에서 벗어나 새로운 방식으로 이루어지는 교육이 바로 대안학교였다.

대안학교는 크게 세 가지 형태로 나눌 수 있었다. 첫 번째, 특정한 교육목적을 실현하기 위한 학교가 있다. 예를 들어, 간디학교는 현장체험과 봉사를 통한 전인적 교육을 실시하고, 자유학교 물꼬는 어린이의 잠재력을 계발하기 위해 통제와 억압에서 벗어나 자유로운 교육을 강조한다. 두 번째, 기존 학교체제에 적응하지 못한 학생을 교육하기 위한 기관이다. 이런 학교들은 학생들이 자유롭게 자기가 하고 싶은 것을 하도록 유도하는 실험형·체험형 교육을 중시한다. 예를 들어, 성지고등학교는 일반학교에서 적응하기 어렵거나 퇴학을 당한 학생들을 돌봄과 헌신에 기초하여 다양한 영역에 대한 교육을 실시한다. 세 번째, 고용불안이나 가정해체 때문에 사회적으로 버려진 아이들을 교육하는 학습공간이다. 여기서는 사회적 약자가 된 학생들을 교육해 건강한 성인으로 사회에 진출시키는 것을 강조한다. 그리고 대안학교는 전일제 형태와 프로그램 형태로 구분할 수도 있다. 전일제 대안학교는 교육부의 인가를 받은 학교, 인가를 받지 않은 학교, 위탁학교 등이 있고, 프로그램 형태의 대안학교에는 계절학교, 방과후학교, 주말학교, 홈스쿨링 등이 있다.

대안학교 교사의 삶

　인혜 씨는 교육대학원을 졸업하고 한겨레신문사에 개설된 대안학교 교사과정을 별도로 이수했다. 그리고 교사 공개모집에 응모하여 경기도에 있는, 전일제형 비인가학교에 자리를 잡았다. 대안학교는 임용고시 자격증이 필요 없었지만, 인혜 씨는 자격증에다 석사학위까지 있어서 취직이 수월했다. 인혜 씨가 속한 학교는 중고등학교 과정이었다.

　요즘은 대안학교가 다양해져서 귀족형 대안학교도 생겼다. 그야말로 특수사립학교처럼 높은 교육비를 받고 전인교육을 실시하는 것이다. 그래서 초등학교나 중등학교 과정을 마치고 바로 외국으로 유학을 가기도 한다. 상황이 이러하다 보니 대안학교에서도 대학입시 준비를 어떻게 할 것인가가 논쟁이 되고 있고, 일부 대안학교에서는 대학입시를 중시하는 경우도 있다. 다행히도 인혜 씨가 속한 학교는 대학입시를 그렇게 강조하는 편은 아니었고 그녀는 초보교사인지라 중학교 과정을 맡게 되었다.

인혜 씨가 속한 대안학교의 교장은 우선 학생의 행복증진이라는 명확한 교육목적을 세우고, 그다음 주어진 목적을 달성하기 위해 어떻게 교육할 것인가를 설정했다. 그러므로 제도보다는 인간, 성적보다는 인격, 형식보다는 내용을 중시했다. 학생의 행복이라는 목적을 달성하기 위한 방법으로 가장 중시하는 것은 학생 개개인의 잠재력 계발이었다. 이것은 모두 인간 각자의 능력과 지향하는 가치가 다르지만, 누구나 엄청난 잠재적 에너지가 있는 존재라는 가정에 근거한 것이었다. 교사의 할 일은 그것을 제대로 파악하고 최대한 계발할 수 있도록 가르치고 도와주는 것이었다. 잠재력 계발을 위한 기본수단으로는 자율적 탐구, 현장체험, 지역봉사, 그룹활동, 환경친화, 손을 사용하는 수업 등을 중시했다. 이렇게 되다 보니 수업은 기계적으로 정해지지 않고 주제에 따라 자유롭게 배열되고 연결되었다. 그리고 학생과 교사는 위계적 관계라기보다 상호 협력자에 가까웠다. 심지어 학부모도 자연스럽게 교육에 참여할 수 있었다.

교육의 목적이 학생에게 맞추어져 있고, 그것을 위한 방법과 수단이 자유롭기 때문에 수업방식도 독특했다. 수업에서 가장 중시하는 것은 자율성과 공동체성의 강화였다. 따라서 학생들은 스스로 계획을 세워 독서를 하고, 기획안을 만들어 자연관찰을 나가고, 독자적으로 축제를 준비했다. 각종 시사적인 사회문제에 대해서도 학생들은 교사와 함께 발표하고 토론했다. 심지어 학생들이 중심이 되어 외부에서 수주해온 연구 프로젝트를 실행하기도 했다. 수업시간에는 자연스럽게 토론·관찰·체험·협력 등과 같은 요소가 실현되었다. 학생들은 마을로 나가 주민들과 대화를 나누며 전통문화를 익히고, 전승되어 오는 이야기를 듣기도 했다. 야생동물을 보호하기 위해 산으로 함께 올가미를 걷으러 나갔고, 야생화를 찾기 위해 들판을 누비고 다니기도 했다. 그런가 하면 명상을 통해 자신을 되돌아보고, 스포츠를 통해 진정한 경쟁과 협력을 익히기도 했다. 교사와 학생이 함께 모여 토론을 통해 질적으로 수업평가를 하는가 하면, 시사적인 주제로 발표하고 토론하는 세미나 형식으로 졸업식을 하기도 했다. 그래서 압박으로부터 벗어나는 소극적 학교생활에 만족하지 않고 적극적으로 자신의 개성을 실현할 수 있도록 했다.

인혜 씨는 대안학교에서 비로소 모든 교육가가 외치고 교육이론이 주장하는 참된 교육이 실현될 수 있다고 보았다. 흔히 말하는 전인교육, 공동체적 가치, 환경친화적 인간 등과 같은 이념은 기존의 공교육체제에서는 추구하기가 힘들다고 할 수 있다. 그곳에서는 성적을 올리고 대학에 가기 위해 일방적으로 가르치고 피상적으로 머릿속에 지식을 주입하는 것에 집중하고 있다. 그조차 배경과 사상을 이해하고 원리를 탐구하기보다는 시험에 초점을 맞추어 문제풀이식 공부에 그치기가 일쑤이다. 그러한 공부는 시험이 끝나면 아무런 교훈도 남기지 못한 채 기억에서 사라진다. 그야말로 일회용 지식이자 임시방편의 공부인 것이다. 그리고 공교

성지골 행복한학교 목공수업 대안학교는 교육이념에서 전인교육, 공동체적 가치, 환경친화적 인간 등을 강조한다. 이러한 이념을 실현하기 위해서는 직접 현장에서 관찰하고 체험하면서 서로 협력하는 수업방식이 필요하다(사진 자료: 성지골 행복한학교).

육체제에서는 공부가 결국 경쟁에서 타자를 이기기 위한 수단이기 때문에 공부가 이기주의적 가치관에 매여 있다. 질문도 토론도 없고, 협력과 유대도 없다. 성적과 관련 없는 것이면 모든 것이 금기시된다. 이에 반해 대안학교에는 인격을 도야하고 타자를 고려하며 환경과 조화하는 삶을 위한 교육환경이 마련되어 있다. 그녀는 이런 교육 속에서 학생들이 건강하게 성장할 뿐만 아니라, 교사도 함께 건강한 삶을 살 수 있음을 깨달았다.

대안학교 교사로서 인혜 씨가 느끼는 건강한 삶은 대안학교 교사들을 대상으로 이루어진 조사에서도 잘 나타난다. 2006년 서울시대안교육센터가 조사한 바에 의하면, 대안학교 교사는 1일 근무시간이 10시간에 가깝고 평균 월급이 150만 원 정도이지만, 직무만족도에서는 87%가 만족한다고 답변했다. 1970년 이후 대안학교, 특히 자유로운 수업을 중시하는 대안학교가 전 세계적으로 계속 증가하는 것도 이러한 이유 때문일 것이다. 사실 대안학교 교사들은 대부분 처음부터 교육에 대한 확고한 철학을 품고 출발한다. 그리고 대안교육을 담당하고 난 이후 선한 가치관을 지닌 사람들을 많이 만난다. 또한 학교행정이 열려 있고 유연하기 때문에 교육에 대한 교사의 열정을 현실에서 적용해볼 수 있다. 기존의 사고와 체제를 의심하고 새로운 것을 실험할 수 있는 것이다. 그래서 대안학교 교사들이 학생들에게 생명에 대한 경외감과 삶에 대한 진정성을 보여주려고 노력하기도 하지만, 자연스럽게 학교 시스템과 교육 분위기가 학생들의 인식을 그쪽으로 끌고 간다. 그야말로 대안학교 교사는 학생들에게 대안교육을 가르칠 뿐만 아니라, 그 스스로 대안적인 삶을 현실에서 이루며 산다고 할 수 있다.

물론 대안학교에 문제점이 전혀 없는 것은 아니다. 특히 인혜 씨가 근무하고 있는 학교처럼 비인가학교는 졸업 후 학생의 진로를 어떻게 해야 하느냐는 문제가 있다. 고등학교졸업학력검정고시를 거쳐 대학에 진학할 수도 있지만, 그렇지 않은 경우 진로 선택의 문제가 간단하지 않다. 그리고 비인가학교인 경우에는 정부가 재정을 지원하는 데 소극적이어서 재정적으로 어려움이 많다. 인혜 씨의 학교에서는 학교가 정한 교육목적에 따라 학생이 자율적으로 자신의 진로를 결정하도록 한다. 그리고 진로가 결정된 이후 교사가 적극적으로 지원하도록 하는데, 이때 학교 전체에서 통합적으로 지원하는 시스템을 구축하고 있다. 재정문제는 교장이 사회적으로 명성이 높고 여러 독지가들과의 네트워크를 구축하고 있어서 기부금을 모으고 회비를 받아 충당했다. 이렇게 재정문제를 해결하기 위해서는 대형 기부자들과 네트워크를 구축하고 우호관계를 형성하는 것이 중요하다.

교육가를 향한 희망

인혜 씨는 대학을 다닐 때 교사가 되기를 꿈꾸면서 스스로에게 이런 질문을 던진 적이 있다. 교육자와 교육가는 어떻게 다른가? 교육 시스템과 교사 능력 중에서 어느 것이 먼저인가? 교육의 질과 교사의 수준은 어떤 관계인가? 엘리트를 교육시키는 것과 부진한 아이를 교육시키는 것 중에서 어느 것이 더 중요한가?

그녀는 교육자와 교육가의 차이는, 방정환이나 페스탈로치(Johann Heinrich Pestalozzi)와 같은 위대한 교육가의 경우에서 볼 수 있듯이, 무엇을 교육목적으로 삼느냐에 달렸다고 생각했다. 교육자는 본인을 위주로 하여 지식을 가르치는 것이 목적이다. 그러나 교육가는 학생을 위주로 하여 그들의 잠재력을 계발하고자 한다. 동서양의 많은 교육가들은 학생

행복의 증진이란 목적을 달성하기 위해 끊임없이 사색하고 한없는 사랑을 쏟았다는 공통점이 있었다. 교육 시스템과 교사 능력은 교육에서 모두 중요하다. 그러나 선후를 따진다고 한다면 교육 시스템이 먼저라는 생각이 들었다. 아무리 교사의 능력이 뛰어나도 교육 시스템이 제대로 되어 있지 않으면, 교사는 자유롭고 창의적인 교육을 할 수 없다고 보았다. 이것은 앞서 인혜 씨가 보았던 영화에서도 잘 드러난다.

인혜 씨는 교육의 질과 교사의 수준에는 중요한 상관관계가 있다고 보았다. 즉, 교육의 질은 교사의 수준을 넘을 수 없다. 아무리 교육의 질을 높이려고 해도 교사의 수준이 높아지지 않으면 그 목적을 달성할 수 없는 것이다. 이런 점에서 교사가 교육을 위해 자신의 능력을 증진하는 것은 학생을 가르치는 일만큼 중요하다고 할 수 있다. 그리고 엘리트 교육과 학습 부진아 교육에서는 학습 부진아 교육이 중요하다고 보았다. 이것은 역사적으로 유명한 교육가들이 대부분 후자에 초점을 두었다는 사실에서도 알 수 있다. 현대교육은 항상 엘리트 교육에 초점이 맞추어져 있다. 교사들도 어리숙한 제자 100명보다 훌륭한 제자 1명을 양성하는 일에 더 관심을 쏟는다. 그러나 교육이란 용어의 어원이 말해주듯, 엘리트를 키우는 것이 교육의 목적이 아니다. 교육은 모든 어린이와 청소년들이 평등하게 자신의 능력을 계발하여 사회로 나아가도록 하는 것이다.

학생들은 세상에서 가장 가고 싶은 곳을 학교라고 말한다. 그런가 하면 가장 가기 싫은 곳 또한 학교라고 지적한다. 이것은 곧 학교가 모든 학생들에게 필수적인 장소이면서도 학생들이 바라는 공간이 되지 못하고

있음을 말해준다. 현대사회에서 학교교육 문제의 근본은 앞서 학생들의
의견 속에 있을 것이다. 그러한 병리를 개선하기 위한 대안교육을 실시
하는 곳이 바로 대안학교이다. 인혜 씨는 대안학교 교사가 되어 학생들
의 요구에 응답하면서 자신의 진지한 삶을 위해 노력할 수 있어서 너무나
다행으로 생각한다. 인혜 씨는 지금 학교폭력·왕따·자살 같은 것이 없
는, 학생들이 자유로운 분위기에서 완전한 자기 계발을 할 수 있는, 자신
만의 대안학교를 설립하는 꿈을 꾸고 있다.

13

마을만들기 디자이너
진정한 공동체를 만들어간다

느리게 산다는 것

　성민 씨는 대학에서 경영학을 공부하고 기업에 취직했으나 적성에 맞지 않아 몇 개월을 버티지 못하고 사직했다. 그리고 성공회대학교 문화대학원에 진학했다. 경영학을 전공한 그의 친구들은 하나같이 대기업에 취직하려고 안달이었다. 그들이 지향하는 목표는 돈을 많이 벌어서 사회적으로 성공하는 것이었다. 그러나 성민 씨는 친구들과 생각이 좀 달랐다. 그가 지향하는 것은 의미 있는 삶을 살면서 그 속에서 실존의 본질을 발견하는 것이다. 따라서 성민 씨는 대학에 다닐 때부터 지역 · 환경 · 사람을 중심에 두고 사고했다. 대학원에 들어가서는 생협(생활협동조합)과

노동자협동조합에 관심을 두고 공부했고, 귀농귀촌종합센터에서 제공하는 프로그램에 가입하여 귀농귀촌에 대해서도 교육받았다. 대학원에서 이런 분야를 공부하게 된 이유도 그가 대학에 다닐 때부터 고민했던 것처럼 지역사회에서 환경을 고려하고 사람들과 어울려 사는 공동체적 삶을 살고 싶었기 때문이다.

성민 씨가 지향하는 삶은 주로 지역공동체에서 실현될 수 있었기 때문에 성민 씨는 공동체적 삶을 찾아보기 힘든 도시생활에서 회의감을 느꼈다. 그는 요즘 젊은이들과는 달리 목가적인 농촌을 좋아했다. 그가 도시를 좋아하지 않게 된 계기는, 도시에서의 삶이 자연의 혜택을 받지 못해 너무 삭막하고 공동체가 해체되어 인간관계가 단절된 탓도 있지만, 또 다른 이유가 있었다. 바로 경쟁이 심하고 성과에 집착하는 도시의 직장생활이 싫었던 것이다. 현대 정보사회에서는 정보의 생산과 유통이 확대되었을 뿐만 아니라, 정보의 유통 속도도 엄청나게 빨라졌다. 더구나 정보사회는 지구화라는 현상과 맞물려 있기 때문에 정보의 유통 속도는 그 자체로 경쟁력의 원천이다. 정보의 전달 속도가 빨라지다 보니 다른 제조상품의 유통 속도도 빨라지고, 이와 더불어 사람들의 마음도 조급해졌다. 교통수단도, 상품배달도, 음식주문도, 의사결정도 빨리빨리 이루어지게 되었다. 심지어 건강과 화목을 위해 천천히 대화하면서 해야 할 식사도 몇 분 만에 후딱 해치우고, 사랑의 연결고리인 섹스도 전희의 여유 없이 빨리 오르가슴에 도달하려고 서두르는 세상이 되었다. 그는 빨리 성과를 내기 위해 광란하는 이런 세상이 너무 싫었다.

무엇이 사람들을 빨리 움직이게 하고 빠른 것을 선(善)으로 생각하도록 압박할까? 성민 씨는 대학원에서 공부하면서 그 배후에 현대자본주의의 원리가 작용하고 있다는 사실을 알게 되었다. 사람들이 너나 할 것 없이 빨리 달리는 이유는 바로 더 많이 소유하기 위해서였다. 현대사회에서 소유는 민주주의를 무력화시킬 정도로 헤게모니를 행사하고, 심지어 인격의 수준을 결정하는 핵심요소가 되었다. 소유는 그 자체로서 힘이 되고 행복의 조건이 되기도 한다. 물론 소유는 현대인이 선망해 마지않는 소비를 증대하기 위해 필수불가결한 요소이다. 사람들은 더 많이 소유하여 더 많이 소비하는 것을 커다란 행복으로 여긴다. 소비가 곧 행복이 되자 인간은 스스로 물적 존재로 화(化)하여 신들린 욕망의 노예가 되었다. 인간이 소비의 노예가 되면 가족과 함께 단란하게 공원을 산책하고, 가을 단풍을 음미하며 자연을 즐기고, 사회활동을 통해 도덕적 책임을 이행하는 데는 의미를 부여하지 못한다. 그는 이것이 현대사회의 근본문제라고 보았다.

더 많이 소유해서 더 많이 소비하기 위해 달려가는 사회는 목적이 없는 사회와 같다. 그런 사회는 올바른 목적을 추구하지 않기 때문에 정상적인 사회가 아니라 수단을 목적으로 착각하는 전도된 사회이다. 성민 씨는 목적과 수단이 전도되면 개인적으로 불행할 뿐만 아니라, 사회적으로도 위험하다고 보았다. 소유와 소비를 증대하기 위해 빨리 달려가는 사회가 물질적 풍요를 누릴 수 있을지도 모른다. 그러나 소비를 목적으로 삼는 사회는 질보다는 양을 추종하고 가치를 허식으로 바꾸는 어리석음

정겨운 농촌풍경 농촌의 정겨운 풍경 속에는 도시생활의 편리나 화려함이 줄 수 없는 인간 본연의 감정과 정서가 그대로 묻어 있다.

을 범하기 마련이다. 이러한 사회는 외관상 화려해 보이지만, 사실은 자기이익을 위해 서로를 이용할 뿐이다. 따라서 인간관계도 이해관계가 있을 때만 형성되는 고독한 사회이다. 이런 사회에서 살아가는 사람들은 약간의 편리와 풍요를 누릴 수 있을지는 몰라도, 본질을 외면하고 허상에 매몰되어 있기 때문에 결국은 불행해진다.

성민 씨가 보기에 현대 도시인의 삶은 집단마법에 걸린 상태와 같았다. 다 함께 마법에 걸려 있기 때문에 무엇이 본질이고 어떤 것이 중요한지를 모르고 단지 눈앞에 보이는 것을 향해 달려갈 뿐이다. 눈앞의 허상을 좇아가는 인생은 결국 허무로 끝난다. 성민 씨는 이런 것을 일상에서 쉽게 발견할 수 있었다. 예를 들어, 무리하게 신호등을 위반하며 달려가던 차는 얼마 가지 못해 다음 신호등에 걸려 천천히 따라오던 차에 따라 잡힌다. 돈을 벌려고 영악하게 구는 사람은 어눌하게 천천히 살아가는 사람에게 돈을 빌리러 다니고 오히려 쪼들려 살아간다. 성과에 집착하며 큰 것을 이루겠다고 안달하던 사람은 그것을 이루기도 전에 중병에 걸려 쓰러지고 만다. 성민 씨는 삶의 의미를 실현하고 실존의 간절한 욕구를 충족하기 위해서는 사람들이 서로 어울리는 공동체의 온기가 필요하다고 보았다. 그러한 공동체의 온기가 있을 때 비로소 천천히 나아가면서 자연과 대화하고 삶을 즐길 수 있기 때문이다. 그래서 그는 문화대학원을 졸업하고 나서, 익명의 사람들이 뒤섞여 서로를 적이나 경쟁자로 바라보고 앞을 향해 달려가는 도시생활을 뒤로 한 채 귀향을 선택했다.

진안으로의 여행

고향으로 돌아가서 공동체 건설을 위한 구체적인 작업을 하기 이전에 성민 씨가 거쳐 가야 할 곳이 있었다. 바로 전라북도 진안이었다. 그는 작년에 대학원 현장학습의 일환으로 진안에서 개최하는 마을만들기 축제에 참가한 적이 있었다. 그곳을 다녀온 후 그는 많은 것을 느꼈다. 이미 10여 년이나 된 진안군의 마을만들기 역량은 그가 생각했던 것 이상이었다. 우선 마을만들기 축제에 참여한 마을과 관람하러 온 사람이 엄청났다. 4일 동안 진행되는 축제에 40여 개의 마을이 참여했고, 방문객도 수만 명은 되어 보였다. 더구나 이 시골마을을 찾아온 외국인 관광객의 수도 만만치 않았다. 게다가 마을만들기 축제는 그의 생각과는 달리 단순한 농사짓기나 농산물 판매와 같은 주제에 그치지 않았다. 물론 유기농법, 유기농산물 제조, 전통지역음식 요리 등에 대한 교육 · 전시 · 판매도 있었고, 농악경연 · 별구경 · 쇠똥모닥불놀이 등과 같은 놀이도 있었다. 그러나 다른 한쪽에서는 전문가들의 세미나 · 사진전 · 작은음악회가 진행되고 있었다. 그뿐만이 아니었다. 건축가의 전통한옥 전시회, 미술가의 아동미술 전시회, 향토해설가의 지역문화유적 설명회, 환경운동가의 지역환경 안내, 그리고 과수원 견학, 노인요양 시범, 농촌박물관 관람 등 다양한 행사가 열리고 있었다.

진안은 그가 생각했던 것처럼 농사만 짓는 시골이 아니었다. 그곳에는 농업전공 교수, 시민운동가, 건축가, 소설가, 음악가, 미술가, 사회복지사, 문화유적 가이드, 환경해설가, 웹디자이너 등 다양한 사람이 있었다. 물론 방향을 설정하고 구체적인 정책을 형성하는 지방정부가 뒤에서 버티고 서 있었다. 군청에는 마을만들기를 지도하는 정치지도자와 전문 공무원이 있었고, 마을 곳곳에는 성공적으로 마을만들기를 해낸 베테랑 운동가가 포진하고 있었다. 이들 공무원과 운동가의 협동에 의해 가난했던 시골마을에서 성공적으로 소득증대를 달성하고 지역문화를 개발하여 창조적으로 발전시킨 곳이 많았다. 이러한 성공 덕분에 전국은 물론 아시아의 각국에서, 심지어 마을만들기의 원조라고 할 수 있는 일본에서도 견학을 왔다. 외지에서 마을만들기를 견학하고 연구하기 위해 찾아오는 사람이 연간 3,000명에 이른다고 하니, 그야말로 이틀에 한 번씩 손님을 맞아 프레젠테이션을 해야 할 형편이었다. 또한 농촌체험 프로그램에 참여하기 위해 찾아오는 사람이 연간 3만 명이라고 하니, 그야말로 진안에는 외지인이 더 많다고 해도 과언이 아니었다. '한국의 귀농귀촌 1번지'라는 타이틀이 전혀 무색하지 않았다.

그래서일까? 해마다 진안으로 귀농귀촌을 위해 새로 들어오는 외지인이 연간 500명에 이른다고 했다. 물론 이 이름난 시골마을로 공동체적 삶을 살기 위해 찾아오는 사람은 농사꾼만이 아니다. 그 속에는 이미 전문 분야의 지식인, 다양한 재주를 갖춘 예술가, 특수한 기술을 가진 엔지니어, 미래비전을 위해 몸을 던지려는 청년들도 많았다. 이러다 보니 진안에는 군 전체를 마을만들기 관광지로 재구성하려는 관광전문 디자이너, 지역환경을 그대로 활용하여 21세기형 생태공동체를 실험하려는 공동체 기획가, 마을 하나를 통째로 박물관으로 꾸미려는 박물관 큐레이터도 있었다. 이들이 한데 어우러져 진안을 현대판 공동체로 변모시키고 있었다. 이처럼 창조적 삶을 위한 작업이 곳곳에서 진행되고 있었기에, 그 속에서 살아가는 사람들은 수준 높은 문화생활과 의미 있는 삶을 영위할 수 있었다.

마을만들기의 역량이 뛰어나고 전국적으로 명성을 얻어 외지인의 방문이 잦아지면서 진안의 각 마을에는 마을간사가 생겼다고 한다. 이미 그곳에서 활동하고 있는 마을간사에 의하면, 마을간사 제도는 진안에만 존재하는 독특한 것이라고 한다. 마을간사는 마을에서 발생하는 각종 문

진안 마을만들기 견학 한국의 귀농귀촌 1번지라고 불리는 전라북도 진안에는 매년 수천 명이 마을만들기를 견학하고 벤치마킹하기 위해 방문한다. 심지어 마을만들기의 원조라고 할 수 있는 일본에서도 진안을 연구하러 찾아오고 있다.

제를 해결하고 진안으로 귀농귀촌하는 사람들이 정착하도록 도와주는 역할을 하고 있다. 일종의 로컬 거버넌스(local governance)의 조정자로서 지방정부와 마을을 연결하는 사람이라 할 수 있는데, 군청으로부터 약 100만 원의 월급을 받는다고 한다. 그런데 특이한 점은 마을간사의 대부분이 외지에서 들어온 사람들이고, 또한 젊은 청년이 주축이라는 것이었다. 심지어 20대도 몇 명 있었다.

성민 씨는 올해 문화대학원을 졸업하고 진안군의 마을간사에 응모한 후 선정되어 진안으로 내려왔다. 그는 경영학 전공, 문화학 석사, 생협에 대한 공부와 귀농귀촌에 대한 교육 등과 같은 이력 덕분에 비교적 쉽게 마을간사로 선정될 수 있었다. 그는 아직 결혼을 하지 않았지만, 약혼녀가 있어서 함께 내려왔다. 약혼녀는 유아관리가 전공이었다. 성민 씨는 마을간사로서 마을의 머슴 역할도 맡았다. 현장을 체험하고 공동체의 실체를 배우고자 하는 그에게는 머슴 역할도 즐거운 일이었다. 그리고 그의 약혼녀는 몇 개 마을의 아이들을 모아서 돌보고 공부를 지도하는 일을 맡았다. 그의 꿈은 진안에서 농사를 짓거나 그대로 눌러앉기보다는 마을만들기를 체계적으로 배워 자신의 고향인 충청도로 돌아가 이를 이식하는 것이었다. 마을만들기 모델을 전파하는 전령사의 역할을 하려는 것이다. 특히 그의 관심분야는 지방정부의 마을만들기 관리정책, 농촌공동체가 생존하기 위한 소득증대 방법, 공동체를 의미 있는 곳으로 만드는 지역문화 개발 등이었다.

마을만들기 조정자의 역할

진안에 내려와 마을간사가 된 성민 씨는 대학시절 그가 바랐던 것처럼, 목적도 없이 달려가기만 하는 삶을 살지 않게 되었다. 그는 젊은이답지 않게 결코 서두르는 법이 없었다. 사실 크게 서두를 일도 없고, 또 서두른다고 일이 잘되는 것도 아니었다. 그가 속해 있는 마을공동체는 사람들이 어울려 함께 살아가는 세상이지 큰돈을 벌려고 발버둥치거나 서로 경쟁자가 되어 대결하는 투쟁의 장소가 아니었다. 그야말로 공동체정신이 오롯이 살아 있는 인간공동체, 지역공동체였다. 그는 마을 사람들을 만나면 인사를 건네고, 도와줄 일이 없는지를 묻는다. 공무원과는 머리를 맞대고 대안을 찾아보고, 젊은 간사들과 함께 모여 공동의 문제를 논의한다. 외지에서 방문한 관광객들에게는 필요한 정보를 주고, 체험의 기회를 만끽하도록 도와준다.

성민 씨는 아직 결혼은 안 했지만 가정이 있다. 곧 결혼을 하면 아내가 임신을 하고 아이도 낳을 것이다. 그리고 크지는 않지만 빌린 농토에서 논농사와 밭농사도 짓고 있다. 조그마한 땅을 사려고 틈틈이 여기저기 땅에 대해 알아보기도 했다. 마을간사로서의 역할과 자기 일, 이 두 가지를 병행하기란 쉬운 일이 아니었다. 군청으로부터 월급을 받기 때문에 마을간사 일을 등한시하면 마을 사람들의 눈총을 받는다. 그렇다고 자신의 일을 게을리하면 농사를 망치고 가정에 불화를 가져올 것이다. 가정불화와 농사 실패는 단지 개인적인 문제로만 끝나지 않고 좋은 공동체를 만드는 데도 장애요인이 된다. 그래서 마을간사는 부지런하기도 해야 하지만, 마음 수양도 잘되어 있어야 한다. 이런 이유로 그는 항상 고전을 가까이 두고 읽으면서 자신을 되돌아보고 성찰한다. 그에게 마을간사로서의 삶은 자신의 인격을 닦는 수양과도 같은 것이다. 이런 점에서 그는 마을간사의 역할을 하는 것이 곧 자신을 성장시키는 일이라고 생각했다.

성민 씨는 마을간사 역할을 즐기고 있다. 그래서 마을 사람들이 그를 찾아오기를 기다리지 않고 스스로 사람들을 찾아다닌다. 마을을 돌아다니면서 눈이 어두운 노인에게는 고지서를 읽어주고, 출입문이 고장 난

집에 가면 문을 고쳐준다. 가축이 새끼를 낳으면 함께 즐거워하고, 시장에 갈 일이 있으면 주민들을 차에 태워서 함께 간다. 그러면 사람들은 진심으로 고마워하며 조그마한 과일이나 먹을거리라도 집어주려고 한다. 그리고 멀리서 자식이 찾아와 선물이라도 가져오면 그에게 나누어주려고 가져온다. 시장에 가면 인사를 나누고 걸쭉하게 막걸리를 마시며 담소를 나눌 사람도 벌써 생겼다.

마을간사로서 성민 씨가 하는 일은 실로 다양하다. 우선 마을 단위에서는 주민들이 부닥치는 사소한 어려움을 도와준다. 그리고 주민들의 불만사항을 듣고 이를 군청에 전달하는 민원창구 역할을 한다. 또한 마을의 각종 시설물을 관리한다. 나아가 마을신문의 발행을 위한 정보를 확보하고 전달한다. 군 단위에서 격주로 열리는 간사회의에 참여하여 주요 안건을 논의하고 이를 각 마을에서 실행하는 것도 그의 몫이다. 그리고 금요일이면 금요장터로 나가서 마을주민의 농산물 판매를 관리하고 지원한다. 또한 외부에서 마을만들기를 견학하기 위해 찾아오는 사람이 넘쳐나면 프레젠테이션과 현장가이드를 하는 총무 역할을 지원한다. 군 단위에서 실시하는 농촌체험도 마찬가지로 많은 사람이 몰리면 가이드 지원을 나가야 한다. 또한 군 단위로 매년 열리는 마을만들기 축제 때는 공동기획 팀에 참여하여 축제를 준비해야 한다.

물론 그가 가장 신경을 써야 하는 사람은 최근에 마을로 이사 온 사람들이다. 이 사람들이 제대로 정착하여 공동체의 일원으로 어울리면서 행복한 삶을 살도록 도와주어야 하기 때문이다. 새로 온 사람들 중에는 느

<표 13-1> 마을간사의 주요 업무

업무 구분		주요 내용
마을 단위	주민지원	주민의 사소한 어려움을 찾아가서 해결
	민원해결	행정서류 발급, 불만사항 청취 및 청원
	시설물 관리	마을의 각종 시설물을 관리하고 기록
	마을신문 발행	마을신문 발행에 필요한 정보 획득 및 전달
	정착민 지원	정착민의 고민을 상담하고 지원
군 단위	간사회의 참가	간사회의에 참가하여 주요 안건 논의
	금요장터 지원	지역농산물의 유통과 판매 지원
	마을만들기 소개	견학자에 대한 프레젠테이션 및 가이드 역할 지원
	농촌체험 인도	농촌체험 방문자를 안내하는 업무 지원
	축제준비	마을만들기 및 군 단위 축제를 공동 기획하고 준비

리게 살아가는 미학을 잘 이해하지 못하고 서두르거나 답답해하는 사람도 있다. 특히 젊은 사람들이 조급증을 내는 경우가 많다. 이런 이들에게 그는 좋은 선배로서 멘토가 되어 고민을 상담해주고 조언을 해준다. 이러한 책임이 따르는 업무는 부담스러울 것 같지만, 조금만 물러서서 생각해보면 실은 참으로 행복한 일이다. 그는 여기에 와서 어떤 이를 도와준다는 것이야말로 진정한 삶의 즐거움이라고 절실히 느끼게 되었다.

성민 씨의 주 소득원은 그가 받는 월급 100만 원과 약혼녀가 받는 월급 50만 원이다. 추가 지원을 나가서 받는 아르바이트 금액까지 다 합쳐봐야 월 200만 원 정도다. 소득은 적지만 결코 모자라지 않는다. 지출비용은 식료품비와 차량 유지비 정도다. 그는 정부지원으로 지은 태양열·지열 난방주택에서 살기 때문에 난방비가 거의 들어가지 않는다. 그리고 채소는 겨울철을 제외하고 거의 자급자족이 가능하다. 소득은 적지만 지출이

적기 때문에 돈이 남는 것이다. 그는 요즘 최대 4년인 마을간사의 임기가 끝나면 시행할 사업을 구상하고 있다. 그래서 농촌에서 벌어지는 현장체험을 담아 책으로 엮어내기, 인터넷을 통한 유기농산물 직거래 판매, 외지 방문객의 휴식장소가 될 토속 카페의 운영 등을 생각하고 있다.

그는 주위를 둘러보고 다른 사람을 생각하며 천천히 살아가고 있다. 그럼에도 그는 많은 것을 얻었다. 한 가지 징표로 도시에서는 심한 위궤양 때문에 병원에 다니고 약을 먹기도 했는데, 여기에 와서 좋은 공기 속에서 유기농산물을 먹다 보니 어느새 위궤양이 깨끗이 나았다. 무엇보다도 그가 대학시절 고민했던 지역·환경·사람의 세 요소가 삼위일체가 되어 그의 삶에 그대로 녹아 있다는 사실이 기쁘다.

미래를 향한 꿈

성민 씨는 지금 느리게 사는 삶을 배우고 있다. 그의 삶은 물질적으로 전혀 부족하지 않으면서도 아름답고 즐거운 시간의 연속이다. 그의 삶에는 현대인이 그렇게도 꿈꾸었던 공감·소통·책임이 자연스럽게 살아나고 있다. 즉, 사람들 사이에는 신뢰가 있고, 상호 학습의 의지하에 서로 배우며, 타자를 위한 책임을 이행하려는 문화가 정착되어 있다. 현대인들이 국가와 시장이라는 제도하에서 시민사회적 요소를 가미하여 실현 가능한 유토피아(utopia)를 꿈꾼다면, 그곳이 바로 지금 그가 살고 있는 삶일 것 같았다. 그는 양가 부모님을 설득하여 여기 시골에서 전통혼례식을 치를 생각이다. 일생에 한 번뿐인 결혼식도 그의 철학을 반영하여 시골에서 느긋하게 즐기면서 하고 싶기 때문이다. 그는 예전부터 도시의 예식장에서 판에 박힌 식순에 따라 30분 만에 속전속결로 끝나는 예식이 마음에 들지 않았다.

성민 씨는 2년 정도 지나 전주에 있는 대학에서 행정학 박사과정을 밟을 예정이다. 알고 보니 진안의 마을만들기 성공 뒤에는 유능한 계약직 정책 전문가가 있었다. 물론 이러한 계약직이 받아들여진 것 자체가 지방정치 지도자의 식견과 의지가 작용했기 때문에 가능한 일이었다. 그래도 전문지식이 있는 정책 전문가의 포괄적인 시각과 구체적인 전략 없이는 성공하기 어렵다고 보았다. 그래서 그는 마을만들기의 정책에도 커다란 관심이 생겼다. 마을만들기 정책에 대해 거버넌스의 차원에서 사례연구의 방식으로 박사학위 논문을 쓸 수 있다고 보았다. 더구나 행정학에서 본다면 계약직 공무원의 성격과 역할에 대한 문제를 규명하고 해결책을 찾는 것도 중요한 연구가 될 것 같았다. 어쩌면 이러한 분야는 많은 연구자들이 생각하고 있지 않았던 연구영역이라고도 할 수 있었다. 이러한 과정을 거쳐 박사학위를 받으면 지금 진안에서 정책형성 및 조정 역할을 맡고 있는 것으로 유명한 구자인 박사의 역할을 그의 고향에서 할 수 있을 것이다. 즉, 마을간사로서 마을만들기의 현장을 체험하고, 학문적으로 마을만들기 정책영역을 공부하여 마을만들기의 정책 전문가로 변신하는 것이다.

　성민 씨는 최근 서울시로부터 도시형 마을만들기에 대해 의논하기 위해 진안 마을간사 팀과 함께 만나자는 연락을 받았다. 복잡한 도시인 서울에 공동체마을을 만들어 도시생활을 더 훈훈하게 하려는 정책회의가 열릴 모양이다. 물론 서울에도 마포에 성미산 마을공동체가 있다. 성미산 모델에 진안 모델을 가미하여 좀더 나은 모델을 개발하려는 것이리라 생각했다. 어쨌든 이러한 시도는 곧 마을만들기 혹은 마을공동체라는 것이 도시나 농촌 할 것 없이 현대인의 삶의 질을 위해 중요하다는 사실을 반증한다고 할 수 있다. 그렇다면 앞으로 마을만들기는 현대 자본주의에서 실현가능한, 일종의 현실적 유토피아(realistic utopia)로서 모든 지방자치단체에서 간과할 수 없는 공공사업이 될 수 있다고 보았다. 따라서 지방정치의 지도자도 이러한 마을만들기를 모르면 시장이나 군수가 될 수 없는 시대가 도래할 것이다. 그는 언젠가 지방정부의 군수나 시장이 되어 인류역사에서 단지 이상향으로만 존재했던 공동체적 삶을, 비록 자본주의체제하에 있다고 할지라도, 자신의 지역에서 실제로 실현하는 장대한 꿈을 꾸고 있다.

사회적 기업가
녹색산업에서 고용을 창출한다

성과에 미친 사회

용희 씨는 대학을 졸업하고 마땅한 취직자리를 구하지 못해 대학원에 입학했다. 사실 그에게 대학원은 일종의 도피처였다. 취직이 안 된다고 마냥 집에 붙어 있을 수도 없었고, 그렇다고 학문에 뜻이 있어 대학원에 온 것도 아니었다. 그는 원래 대학교에 다닐 때 기업에 취직하는 것이 목표였다. 비록 경제학이나 경영학을 전공한 것은 아니지만, 그래도 기업 쪽에 일자리가 많기 때문에 다른 친구들과 마찬가지로 기업에 취직하려고 준비했던 것이다. 그런데 먼저 취직한 친구들의 말을 들어보니 업무 스트레스가 심각했다. 상관이 시키는 업무량이 만만치 않은 데다 요구하는 업무의 질적 수준도 상당하다는 것이었다. 거기다가 업무시간이 너무 긴 것도 문제였다. 정해진 시간에 출근하고 퇴근하는 것은 그야말로 하나의 원칙일 뿐, 밤늦게까지 일하는 경우가 태반이었다. 그리고 관료제적 기업조직문화에 제대로 적응하지 못하는 친구도 많았다.

친구들의 이야기 속에서, 기업은 이윤을 극대화하려는 조직이기 때문에 모든 행동이나 구조가 이윤 창출에 맞추어져 있었다. 그야말로 치열한 경쟁 속에서 성과를 내기 위해 강도 높은 행군을 하는 것이다. 이러한 조직문화의 특성 때문에 벌써 회사를 그만둔 친구가 있는가 하면, 피로감·식욕부진·두통·불면 등과 같은 증상을 겪는 친구도 있었다. 심지어 업무 스트레스에 인간관계의 갈등까지 겹쳐 우울증 치료를 받은 친구도 있었다. 직장인은 회식 자리에서 술로 스트레스를 푼다고 했지만, 실은 회사의 잦은 회식 자체가 오히려 스트레스를 가중시켰다. 그가 우울증에 대해 관심을 가지고 살펴보니, 요즘 직장인에게 우울증 치료는 특별한 일이 아니었다. 성과와 경쟁에 미친 사회에서 자살이 늘어나고 우울증이 만연하는 현상은 당연했다. 의사는 운동·명상·봉사활동 등을 권고하지만, 사실 이러한 방식으로 스트레스에 대응하는 친구는 거의 없었다.

성과에 집착한다는 것은 경쟁 속에서 살아가는 것을 의미한다. 경쟁의 개념 속에는 이미 승리와 패배가 내포되어 있다. 그래서 경쟁에서 이겨 살아남는 자도 있지만, 패배자도 반드시 나온다. 경쟁에서 이긴 사람은 소수이고 대다수가 패배자이다. 이때 패배자는 뒤처진 사람으로 낙인

기업의 업무 스트레스 이윤추구와 경쟁의 원리에 의해 움직이는 시장에 속해 있는 기업의 직원은 업무 스트레스가 많다. 스트레스는 코티졸이라는 호르몬과 에피네프린이라는 신경전달물질을 분비시켜 대사증후군을 유발함으로써 비만, 우울증, 뇌경색, 뇌졸중 등을 가져온다.

찍히고 자신감을 상실한다. 한 번 자신감을 잃은 사람은 일종의 강박관념 같은 것이 작용하여 더욱 자신감이 없어지는 악순환에 빠진다. 이렇게 되면 스트레스가 쌓여 병적인 불안과 공포를 느끼게 되고 정상적인 일상생활이 어려워진다. 이것이 흥미상실, 무력감 등으로 이어지면 우울증이 된다는 것이다. 정신과의사의 말에 의하면, 문제는 여기서 끝나지 않았다. 경쟁에서 이긴 사람도 스트레스를 받는다는 것이다. 경쟁에서 이겨 일시적으로 희열을 느낄 수는 있지만, 끊임없이 경쟁 속에서 살아가는 사람은 항상 스트레스에 노출되어 있다. 한병철의『피로사회』에 의하면 성과에 집착하는 사회는 저항이 불가능하고 치유가 어려운 자기착취로 귀결된다고 한다. '너는 이것을 해야 돼!'라는 식의 외부의 강요에 의한 압박에 대해서는, 그것을 강요하는 사회시스템에 분노를 느끼고 타인과 공동으로 저항할 수 있다. 그러나 '난 할 수 있어!'라는 식의 내부에서 일어나는 성과에 대한 압박은 일종의 자기착취이다. 따라서 뚜렷한 적이 없기 때문에 대항할 상대가 없어져 현대인은 스스로 무력화된다는 것이다.

용희 씨는 예전부터 기업의 CEO를 꿈꾸었다. 물론 어떻게 하면 세상을 좀더 좋은 곳으로 만들 수 있을까 하는 철학적 질문을 던지고 그에 응답하려고 노력했다. 사회에는 질서를 유지하는 정부도, 교류와 연대를 하는 시민사회도 필요하지만, 상품을 생산하고 판매하는 기업도 중요하다. 그는 기업이 중요한 사회적 장치라면 기업도 좋은 사회를 만드는 데 일정한 기여를 해야 한다고 보았다. 그러나 성과에 집착하거나 경쟁이 치열하여 과도한 업무 스트레스를 발생시키는 기업문화는 바람직하지 않다고 여겼다. 그런 기업문화가 개별기업의 성공을 보장할 수 있을지는 몰라도 결국에는 사회와 문명의 쇠퇴를 초래하기 때문이다. 과도하게 성과에 집착하는 기업은 결국 사람들로부터 외면당하여 심지어 망할 수 있다는 것이 전문가들의 의견이다. 미국의 정보기업 구글(Google)의 창업자인 세르게이 브린(Sergey Brin)은 '어떻게 하면 사람들이 세상의 갖가지 지식을 잘 얻을 수 있을까?'라는 질문에서 구글을 시작했다고 한다. 용희 씨는 오늘날 눈부신 성과를 이룬 구글의 성공이 바로 세상을 좀더 좋은 곳으로 이끌겠다는 기업소명에 입각했기 때문이라고 생각했다.

사회적 기업의 현황

그렇다면 현대 자본주의사회에서 어떻게 해야 스트레스를 받지 않으면서, 사회를 좋은 곳으로 이끌 수 있을까? 용희 씨는 이러한 고민을 하다가 대학원에서 사회적 기업(social enterprise)에 대한 강의를 듣고는 눈을 번쩍 떴다. 사회적 기업은 '기업'이라는 점에서 상품이나 서비스를 생산하고 판매한다. 그러나 '사회적'이라는 점에서는 각종 사회적 목적을 실현한다. 이때 가장 중요한 것은 취약한 계층에게 일자리를 제공하고, 각종 사회복지 서비스를 생산하는 것이다. 예를 들어, 미국의 파이어니어사(Pioneer Human Services)는 대기업인 보잉사(Boeing)와 협력하여 비행기 부품을 생산하고 납품한다. 그런데 여기에 고용된 노동자는 대부분 전과자나 알코올의존자와 같은 취약계층이다. 사회적 기업은 기업이기는 하지만 그 목적이 사주나 주주의 이익실현에 있는 것이 아니기 때문에 일반기업처럼 시장에 속하지 않는다. 사회적 성격, 특히 취약계층의 고용을 중시하기 때문에 시장·시민사회·국가 사이에 걸쳐 있다고 볼 수 있다. 정부가 사회적 기업에 대해 초기자금을 저이자로 대부해주고, 지속적으로 마케팅·회계·홍보·인력교육 등을 지원하는 것도 이러한 이유 때문이다.

용희 씨가 살펴본 바에 의하면, 한국에서 사회적 기업의 태동은 1997년 IMF 외환위기 이후 발생한 대량실업과 밀접한 관련이 있다. 경제위기가 닥쳐 실업자가 양산됨에 따라 정부에서 공공근로를 시행하고 각종 일자리를 창출하기 위한 정책을 실행했던 것이다. 처음에는 주로 취약계층

〈표 14-1〉 일반기업과 사회적 기업의 비교

주요 요소	일반기업	사회적 기업
기업의 목적	이윤의 극대화	사회적 목적(취약계층 고용, 사회서비스 생산)
지역사회와의 관계	대결 혹은 무관계	협력 혹은 공생관계
지역사회의 참여	임의적	필수적
자원조달방식	시장의 원리(주주)	정부, 회원, 기부자
경영자 자질	수익창출의 최대화	민주적, 도덕적 품성

의 고용창출에 초점을 두고 정부가 직접 시행하거나 위탁하는 경향이 강했다. 이후 사회복지 서비스 제공이라는 목적이 추가되었고, 방식도 정부가 직접 추진하거나 위탁하기보다는 각종 사회적 기업을 육성하여 그들 스스로 사회적 문제를 해결하도록 유도했다. 그러다가 2007년에 「사회적 기업 육성법」이 제정됨으로써 본격적으로 사회적 기업이 발달하기 시작했다. 이렇게 본다면 한국의 사회적 기업의 역사는 그리 오래되지 않았다. 그렇지만 2007년 노동부로부터 36개 기업이 처음으로 인증을 받은 이후, 2009년에 266개로 늘어났고, 2012년까지 1,000개 기업 육성을 목표로 하고 있다. 기업의 수가 급속도로 늘어남에 따라 사회적 기업을 지원하기 위한 정부(고용노동부)의 예산도 크게 늘어나 2010년 1,000억 원을 넘어섰다. 2010년 통계에 의하면 사회적 기업의 47%가 수도권에 위치하고 있지만, 각 지방자치단체에서도 자체적으로 사회적 기업을 육성하는 전략을 강화하고 있다.

용희 씨는 외국의 사회적 기업에 대해서도 살펴보았다. 서구 선진국에서는 사회적 기업의 역사가 오래되었을 뿐만 아니라 사회적 기업이

전체 경제규모에서 차지하는 비율도 매우 높았다. 서구에서는 1960년
대 미국 존슨(Lyndon Baines Johnson) 행정부의 빈곤퇴치정책, 1970년대 유
럽의 복지국가 위기 등과 맞물려 사회적 기업이 등장하기 시작했다. 물
론 사회적 기업은 미국형과 유럽형에서 약간의 차이가 있다. 시장주의
가 강한 미국에서는 초기에 비영리기관이 운영하는 상업적 벤처기업을
사회적 기업이라고 불렀다. 그러다가 1990년대에 와서 영리와 비영리
간에 구별이 모호해지면서 취약계층을 지원하거나 지역사회와 연계된
기업을 사회적 기업으로 보고 있다. 미국에서 사회적 기업은 기업과 유
사하게 유가증권을 발행하고 펀드도 조성할 수 있다. 그만큼 정부의 간
섭이나 지원을 받지 않고 시장원리에 따라 움직이는 것을 강조한다. 이
에 반해 협동조합의 전통이 강한 유럽에서는 지역사회와 연계하여 취약
계층을 고용하고 사회복지 서비스를 제공하는 사회적 기업에 대해 법률
을 구비하여 정부가 제도적으로 지원하고 있다. 영국·프랑스·이탈리
아·스웨덴·핀란드 등과 같은 국가에서는 사회적 기업이 수천, 수만 개
나 있었다. 특히 마거릿 대처(Margaret Thatcher) 수상 때 국가의 복지정책
을 일대 개혁한 영국에는 2010년 기준으로 5만 5,000개의 사회적 기업이
있다.

용희 씨는 사회적 기업에 대해 관심을 가지고 외국과 한국의 사례도
살펴보았다. 외국의 사례로는 존 우드(John Wood)의 도서관 건립(Room to
Read)이 대표적이다. 그는 마이크로소프트사 아시아지역 판매책임자로
서 중국에서 근무하던 어느 날, 삭막한 경쟁에서 벗어나기 위해 히말라

전설적 사회적 기업가 존 우드는 히말라야 네팔 산골을 여행하다가 책도 없이 쓰러져가는 교실에서 공부하는 어린이들을 보고 충격을 받았다. 이 일을 계기로 그는 저개발국에 도서관을 짓는 사회적 기업을 설립하게 되었다. 그때 방문한 학교의 교장이 다음에 오게 되면 아이들을 위한 책을 가져다 달라고 부탁했는데, 그는 그 부탁을 잊지 않고 이듬해 야크에 책을 가득 싣고 그 학교를 다시 찾아갔다고 한다.

야로 휴가를 떠났다. 네팔 고산지대의 한 마을에서, 존 우드는 다 쓰러져가는 교실에서 아이들이 책도 없이 공부하는 모습을 보고, 30대의 대기업 임원이라는 전도유망한 미래가 아닌 새로운 미래를 선택했다. 지구촌 빈곤지역에 도서관을 건립하는 사회적 기업을 시작한 것이다. 주로 선진국으로부터 오는 기부금에 의존하는 수익모델을 통해 네팔 · 베트남 · 캄보디아 · 인도 · 라오스 · 남아프리카공화국 등에 2012년 기준 1만 3,500여 개의 도서관을 건립하고, 1,600여 개의 학교를 건설했다. 그는 마이크로소프트사에서 배운 투명한 실적관리와 비용절감의 경영원리를 사회적 기업에 접목하여 성공을 거두었다. 오늘날 그는 사회적 기업의 전설적인 인물로 세계의 많은 사람들로부터 존경을 받고 있다.

사회적 기업에 대해 살펴보면서, 용희 씨는 한국에도 유명한 사회적 기업이 많다는 사실을 알게 되었다. 2007년 최초로 노동부로부터 사회적 기업 인증을 받아 재정지원을 받고 있는 기업으로는 백두식품, 원주의료생협, 함께일하는세상, 아름다운가게 등이 그 대표적 사례라 할 수 있다. 백두식품은 새터민과 함께 북한의 특용식물인 느릅나무를 수입해 느릅냉면과 느릅찐빵을 제조 · 판매한다. 원주의료생협은 취약계층에게 의료서비스를 제공하기 위해 지역 주민과 의료인이 함께 설립한 협동조합으로 주로 지역 주민을 고용하는 특징을 띠고 있다. 함께일하는세상은 경기도 내 병원과 학교의 청소용역을 하는데, 주로 50~60대 취약계층을 고용하고 2008년 매출이 40억 원에 달한다. 아름다운가게는 재활용품 기증품을 재생하여 환경보호 및 재활용 사업을 펼치고 수익금을 취약계층에 재투자하고 있다. 2010년에 점포가 100여 개, 매출이 100억 원을 넘었다. 또 한국을 대표하는 사회적 기업으로 전주의 사람과환경도 들 수 있다. 주로 여성가장을 고용하여 전주의 재활용품을 재생하여 판매하는데, 2004년 설립 당시 6명으로 시작했으나 2010년 직원이 70여 명으로 늘어났다. 취약계층에게 일자리를 제공하면서 자원절약이라는 목적을 지향하는 전형적인 사회적 기업이라고 할 수 있다.

도시농업 사회적 기업의 설립

용희 씨는 사회적 기업에 관심을 가지고 이론과 사례에 대해 공부하다가 기업에 취직하려는 계획을 그만두고 사회적 기업을 설립하기로 마음먹었다. 이것은 성과에 집착하는 기업의 목적과 이에 맞추어진 기업의 조직원리가 그의 성격에 맞지 않았고, 그는 친구들이 겪고 있는 과도한 업무 스트레스를 미연에 피하고 싶었다. 사회적 기업은 그야말로 기업을 경영하면서 취약계층의 일자리 창출, 사회서비스의 생산, 지역사회의 참여와 협력 등과 같은 사회적 목적을 달성하고자 한다. 특히 사회적 약자의 취업을 강조하는 점이 취업에 실패한 그에게 깊은 인상을 주었고, 그가 언제나 생각했던 더 나은 세상을 향한 공헌이라는 이상과도 맞아떨어졌다. 전 세계 저개발국에 수만 개의 도서관과 수천 개의 학교를 지은 존 우드가 느낄 삶의 보람은 세계 일류기업이라고 하는 마이크로소프트 사에서도 경험할 수 없는 것이다. 그런 삶의 보람은 사회적 기업이라는 형식을 빌려야만 가능한 것이었다.

그렇다면 무엇을 어떻게 할 것인가? 사실 작은 기업 하나라도 설립한다는 것은 간단한 일이 아니었다. 용희 씨는 비록 작은 사회적 기업이기는 하지만, 기업의 CEO가 되겠다는 꿈을 꾸면서 희망찬 발걸음을 내딛었다. 그런데 구체적으로 무엇을 어떻게 해야 하는지를 생각하니 막막했다. 그는 우선 대학의 사회적기업센터에 자문을 구하여 체계적으로 접근하기로 계획을 세웠다. 사회적 기업은 사회적 목적을 실현하는 기업이므로 정부에서 지원을 받을 수 있다. 그렇다면 정부가 주요 정책목표로 잡고 있는 영역에 대해 우선적으로 지원할 것이 분명하다. 따라서 최근에 이슈가 되고 있는 정책이 무엇인지 알아야 한다. 이렇게 생각하고 정부의 주요 정책을 살펴보았더니 거기에는 항상 녹색산업이 있었다. 녹색산업은 세계적인 현상이기 때문에 단기적으로 끝날 정책이 아니었다. 그리고 녹색산업 중에서도 소규모 도시농업에 비전이 있는 듯했다.

용희 씨는 도시농업에 관심을 가지고 조사해보았다. 도시농업은 녹색공간의 확대, 도시온도 저감, 온실가스 감축, 안전한 먹거리 제공, 개인정서의 함양, 지역공동체의 회복 등 다양한 사회적 목적을 충족시킬 수 있는 분야였다. 따라서 중앙정부뿐만 아니라 광역자치단체와 기초자치단체에서도 조례를 제정하여 적극적으로 지원하고 있었다. 도시농업은 도시에 있는 다양한 공간과 토지를 활용하여 농산물을 재배하고 각종 체험활동을 하는 것을 말한다. 도시농업에는 다양한 종류가 있지만, 대표적으로 도시텃밭·상자텃밭·주말농장 등을 들 수 있다. 도시텃밭은 도시의 각종 유휴지, 자투리땅을 활용하여 농작물을 재배하는 것이다. 상자텃밭은 아파트나 단독주택의 옥상 및 베란다에 상자형 농토를 만들고 여기에 채소 등을 재배하는 것이다. 주말농장은 지방정부가 정부토지나 임대토지에 대형 주말농장을 조성하여 도시주민에게 배분하는 것이다. 물론 이 외에도 실내 유리온실, 대형 도시농업공원, 첨단 식물생산공장 같은 것이 있다.

용희 씨는 도시농업을 하기로 결정하고 함께 사업을 할 친구들을 모았

인기를 끄는 도시농업　도시농업은 유기농 채소를 직접 재배하여 생산할 수 있을 뿐만 아니라, 개인정서의 함양과 지역공동체의 형성에도 좋은 역할을 한다. 도시 농업이 인기를 끌게 되면서 건물 옥상을 공동으로 이용하는 형태도 생기고 있다(사진 자료: 한국시민방송).

다. 대체로 경영학을 전공한 자, 농학을 전공한 자, 그리고 농기계를 다룰 줄 아는 기술자 등이 참여했다. 그리고 여기에 소액으로 투자할 회원을 모집했다. 가장 문제인 부분은 재정이었는데, 공동으로 참여한 친구들이 약간씩 돈을 내고 청년창업에 대해 장기 저리로 대출을 해주는 사회연대은행과 함께일하는재단으로부터 대출을 받았다. 회사 설립 6개월이 지나서 용희 씨의 사회적 기업은 노동부로부터 인증을 받아 각종 경영컨설팅뿐만 아니라 직원의 인건비, 사회보험료, 조세감면 등과 같은 재정 지원을 받았다. 그의 사회적 기업은 녹색산업이라는 정부의 핵심정책과 관련이 있는 데다가, 요즘 심각한 사회문제가 되고 있는 청년실업의 해

소와도 직접적으로 연결되어 있었다. 그의 회사는 바로 청년실업자를 고용했기 때문이다. 그 덕분에 노동부 인증을 받기 위한 3대 1의 경쟁률도 쉽게 뚫을 수 있었다.

인기를 끄는 가정채원

사회적 기업은 생존율이 20% 정도에 지나지 않는다. 물론 이것은 주로 은퇴자가 창업하는 각종 자영업에 비하면 성공률이 높은 편이다. 그래도 10개의 기업 중에서 2개만 살아남는 것이기 때문에 위험도가 높다고 할 수 있다. 용희 씨가 설립한 사회적 기업은 다행히 살아남은 기업에 끼일 수 있었다. 정부정책과 맞물려 있기도 하고, 가정에서 채소를 재배하는 가정채원(菜園)이 점점 인기를 끈 덕분이다. 현대인은 실업·조기퇴직·소득증대 등으로 여가가 증가했다. 그리고 소득이 높아지고 삶의 질에 대한 관심이 높아지면서 안전한 먹거리에 대한 관심도 많아졌다. 누구든지 채소가 건강에 좋다는 사실을 알고 있다. 그런데 문제는 시장에서 파는 채소가 각종 농약·화학비료·항생제 등으로부터 안전하지 않다는 점이다. 가정채원은 이런 문제를 근본적으로 해결해주는 이점이 있다. 요즘 국적 없는 채소가 시중에서 판매되고 있는 상황에서 신토불이(身土不二) 구호에도 그대로 들어맞았다. 게다가 가정채원은 점점 늘어나는 영성에 대한 관심과 어울리는 재배의 미학을 내포하고 있다. 채

<표 14-2> 도시농업의 수익모델

주요 사업	구체적 내용
상자텃밭 보급	아파트 베란다, 단독주택 및 아파트의 옥상에 상자텃밭을 보급
도시텃밭 운영	농토를 임대하여 어린이체험학교를 운영하거나 주말농장으로 임대
공공농장 정리	지방정부가 운영하는 농장을 갈고, 정리하는 작업 수주
텃밭관리 대행	학교 · 유치원 · 교회 · 기업 등에 텃밭을 개발하고 관리를 대행
농업교육 실시	도시농업에 대한 컨설팅 및 농업교육 실시
농업재료 판매	도시농업에 필요한 씨앗 · 종묘 · 거름 및 각종 농업자재 판매
지렁이 판매	농토의 부식과 어린이의 동물체험을 위해 지렁이를 판매
영성 판매	식물과 영혼의 대화, 정서함양, 원예치료를 위한 지식 판매

소를 기르는 즐거움, 식물과의 영혼의 대화, 어린이와 청소년의 정서함양, 원예치료 등 다양한 이점을 기대할 수 있다. 심지어 가정에서 나오는 음식물 쓰레기를 거름으로 재활용할 수도 있다.

도시농업, 그중에서도 가정채원이 인기를 끌고 있다고 하더라도 이미 이 사업을 시작한 사회적 기업도 있었다. 그리고 어떤 사업이 인기를 끌면 누구든지 그 사업에 뛰어들 수 있음을 염두에 두어야 한다. 그래서 용희 씨는 특화된 사업이 필요하다는 것을 느꼈다. 그는 성공적인 수익모델을 만들기 위해 여러 가지로 고민한 끝에 사업을 다각화하고 특성화했다. 그의 회사는 우선 상자텃밭이 주축 사업이었다. 주로 아파트의 베란다, 단독주택과 아파트의 옥상에 가로 1m, 세로 2m, 높이 30cm의 상자텃밭을 만들고, 여기에 흙과 부식토를 넣어서 보급했다(옥상인 경우에는 상자크기가 좀더 커진다). 특히 아파트 옥상의 공동텃밭은 규모가 크고 금액이 높았기 때문에 수주를 위해 구청의 홍보를 활용하고 아파트 부녀회를 적극적으로 섭외했다. 그리고 도시의 농토를 임대하여 분양하는 주말농장도 사업의 큰 부분을 차지했다. 물론 어린이 농촌체험학교를 위한 농장을 직접 운영하기도 했다. 또한 지방정부가 운영하는 주말농장을 구획하고 정리하는 작업도 수주했다. 여기에 학교·유치원·교회·기업의 텃밭을 정리하고 관리를 대행하는 작업도 맡았다. 이와 더불어 도시농업에 대한 컨설팅과 교육을 실시했고, 씨앗·종묘·거름, 그리고 각종 농업자재를 판매했다. 그의 사업은 여기서 끝나지 않았다. 그는 농토의 부식과 어린이의 동물체험을 위해 지렁이를 길러서 팔았고, 식물을 재배하면서 영혼의 대화를 통해 심리치료를 하는 노하우까지도 팔았다. 앞으로 허브에 대한 공부와 종묘(種苗)를 통해 집중적으로 허브를 보급할 계획을 구상했다. 그리고 그의 고객들로부터 남아도는 채소를 도로 사서 친환경 카페나 식당을 운영할 계획도 세우고 있다. 또한 일본에서 인기를 끌고 있는, 회사 건물 내에서 채소를 재배하는 실내 유리온실 사업도 할 생각이다.

용희 씨는 사회적 기업을 설립하고 나서 많은 어려움을 겪었다. 기업의 공동운영에 따르는 갈등조정, 청년실업자의 고용에 따른 노무관리, 수익창출을 위한 마케팅 등은 간단한 일이 아니었다. 그러나 시대적 대세가 가정채원을 중시하는 쪽으로 가고 있고, 중앙정부의 정책과 지방정부의 관심도 든든한 지원군이었다. 그는 사회적 기업을 운영하면서 지역사회와의 협력이 무엇보다도 중요하다는 사실을 깨달았다. 사회적 기업은 어디까지나 사회적 신뢰와 네트워크라는 사회적 자본(social capital)에 의존해서 지탱될 수 있는 사업이기 때문이다. 따라서 다양한 형식의 모임이나 이벤트를 통해 지역 주민 및 지방정부와 함께 논의하고 즐기는 것을 지향했다. 그가 고객의 농산물을 구입하여 친환경 카페나 식당을 운영하려고 하는 것도 그것이 지역 주민과의 소통과 교류를 위해 필요하다고 보기 때문이다. 용희 씨는 지금 성과에 미친 자본주의사회에서 실업과 먹거리 불안이라는 부작용의 틈새를 비집고 들어가 사회적 기업을 운영하고 있다. 자본주의사회에서는 강요당할 수밖에 없는 성과압박의 스트레스를 크게 받지 않으면서도 좋은 세상을 만드는 일에 기여하고 있다는 사실에 용희 씨는 큰 보람을 느낀다.

NGO 인큐베이터
NGO의 설립과 운영을 가르쳐준다

여섯 개의 시선

진희 씨는 최근 세스넷[SESnet, (사)사회적기업지원네트워크]이라는 사회적 기업이 노동부의 지원을 받아 시행하는 시니어사회공헌일자리 교육을 받던 중, 교육 프로그램의 일환으로 6명의 감독(임순례·여균동·박찬욱·정재은·박진표·박광수)이 공동으로 제작한 단편영화, <여섯 개의 시선>을 보았다. 그녀는 그중 여섯 번째 이야기에서 큰 충격을 받았다. 찬드라 쿠마리 구룽(Chandra Kumari Gurung)이라는 네팔의 여성은 1992년 가난한 가족의 생계를 돕기 위해 많은 비용과 노력을 들여 산업연수생으로서 한국에 왔다. 이른바 이주노동자가 된 것이다. 그러던 어느 날 구룽은 그녀의 직장인 섬유공장 근처, 서울시 광진구에 있는 한 식당에서 점심을 먹고 난 후에야 지갑을 가지고 오지 않았다는 사실을 알았다. 구룽이 한국말도 제대로 하지 못하고 점심값도 치르지 않자 식당 주인은 그녀를 경찰에 신고했고, 경찰은 그녀를 단순한 행려병자로 간주하여 정신병원으로 보내버렸다. 한국말에 서툰 그녀는 정신병원에 갇혀 폭행을 당하기까지 했다.

구룽의 고국 네팔의 산골마을에서는 구룽의 아이들이 엄마가 보내줄 생활비와 학비를 학수고대하고 있었다. 그러나 그녀는 2000년 한 NGO에 소속되어 활동하던 정신과의사에게 발견되기까지 6년간 그렇게 감금되어 있었다. 가족의 생계를 떠맡고 자식을 키워야 할 40대의 대부분을 억울하고 고통스럽게 보낸 것이다. 그것도 문명국가라고 자처하는 한국에서 말이다. 그녀는 풀려난 뒤 지치고 병든 몸으로 고국으로 돌아갔으나 한국정부는 그녀에게 제대로 배상해주지 않았다. 이 사실을 알고 양심의 가책을 받아 그 내용을 세상에 널리 알린 것이 풀꽃세상(풀꽃세상을위한시민모임)이라는 NGO였다. 풀꽃세상은 모금운동을 전개하여 1차로 기부금 1,000만 원을 모아 네팔로 찾아가 구룽에게 용서를 빌었다. 그리고 2차 모금운동을 벌여 800만 원을 더 전해주었다.

이 실화는 이주노동자에 대한 한국인의 왜곡된 시각을 적나라하게 보여준다. 그리고 한국정부의 인권의식이 어느 정도 수준인지를 꼬집고 있다. 나중에 재한네팔인공동체라고 하는 이주노동자 NGO가 한국의 다른 NGO의 도움을 받아 법원에 손해배상 청구소송을 했다. 그러나 한국

찬드라 쿠마리 구룽과의 만남 찬드라 쿠마리 구룽은 코리안드림을 안고 한국에 취업하러 왔다가 식당에서 한국말을 못한다는 이유로 정신병자로 취급되어 6년간 정신병원에 갇혀 있었다. 풀꽃세상이라는 NGO는 네팔로 찾아가 그녀에게 용서를 빌고 피해를 배상하기 위해 모금한 돈을 전달했다.

법원이 약 6여 년 동안 억울하게 정신병원에 수용되었된 구룽에게 배상금으로 판결한 금액은 고작 2,860만 원이었다. 정의로운 사회를 만들기 위해 필요한 의식을 가지고, 잘못된 것에 대해 양심의 가책을 느끼고, 그것을 해결하기 위해 행동으로 옮긴 것은 처음부터 끝까지 오로지 시민의 자발적인 결사체인 NGO뿐이었다. 아마 NGO가 없었다면 구룽은 정신병원에서 나오기도 어려웠을 것이고(그녀는 여러 정신병원을 옮겨 다녀야 했다), 법원으로부터 배상판결도 받지 못했을 것이며, 잘못된 국가의 행동에 대한 적절한 배상도 받을 수 없었을 것이다.

진희 씨는 영화를 보고 나서 부정의하고 불평등한 사회의 비극은 잘못된 제도뿐만 아니라, 그 속에서 살아가는 인간의 편견과 무관심에서도 비롯된다는 사실을 깨달았다. 시민들의 깨어 있는 의식과 자발적인 행동이 얼마나 중요한지 느낀 것이다. 역으로 말하면 한국사회를 좋은 사회로 만들고 외국인에게 좋은 이미지를 심어 한국인의 삶의 질과 한국의 품격을 높이기 위해서는, 정부 바깥에 계몽된 시민들의 집단행동이 필요한 것이다. 오늘날 정의로운 사회를 만들기 위한 시민들의 집단행동 단체가 바로 NGO이다. 진희 씨는 비단 구룽의 경우뿐만 아니라 NGO의 사회적 역할에 대한 많은 사례를 접했다.

진희 씨는 교육 프로그램에서 다른 NGO 강사가 이야기해준 또 다른 사례를 들을 수 있었다. 몇 년 전에 한국으로 시집온 필리핀 새댁이 남편에게 살해당한 사건이 있었다. 필리핀의 가난한 집안의 아가씨는 큰 꿈을 안고 한국에 도착했다. 그런데 와서 보니 남편은 나이도 스무 살이 많은 40대인데다 정신병자에 가까웠다. 필리핀 새댁은 남편에게 온갖 폭행을 당하다가 급기야 그의 손에 살해당했다. 이 사건은 필리핀의 신문에 보도되어 수많은 필리핀 사람들의 분노를 자아냈다. 이러한 필리핀 사람들의 분노는 자칫 한국인에 대한 혐오와 증오로 이어질 수도 있는 심각한 문제이다.

국내에서 이러한 사건이 재발하지 않도록 노력하는 단체가 바로 다문화가정과 관련하여 활동하는 각종 NGO이다. 지방에는 외국여성과 결혼한 가정이 많은데, 이들 가정에서 여러 가지 갈등이 발생한다. 다문화 NGO는 정부 바깥에서 한국어 교육, 문화적 갈등 해결, 가정상담, 법률구제 등과 같은 역할을 한다.

NGO 강사는 반대의 경우도 이야기해주었다. 2004년 말 인도네시아의 서부 아체 주에서 대형 쓰나미가 일어나 수십만 명이 죽고 수백만 명의 이재민이 발생했다. 이 사건은 전 세계로 타전되었고 선진국들은 앞

다투어 지원을 하겠다고 나섰다. 미국의 조지 부시(George Bush) 대통령은 1억 달러(약 1,100억 원)를 지원하겠다고 발표했다. 그리고 유럽의 다른 국가들도 재정지원에 동참했다. 그러나 그 당시 유엔 사무총장이었던 코피 아난(Kofi Annan)은 "이번에는 제발 약속을 좀 지켰으면 좋겠다"라고 일침을 놓았다(과거 선진국들은 재정지원을 해주겠다고 약속하고서는 실행하지 않은 경우가 많았다). 그런데 한민족복지재단 등 해외원조단체협의회에 소속된 한국의 30여 개 국제원조 NGO가 물 · 라면 · 버너 · 담요 등을 챙겨들고 현지로 달려갔다. 며칠 후 인도네시아 신문에서는 한국 NGO의 활동에 대해 대서특필했다. 이재민에게 정말 필요한 것은 나중에 많은 돈을 지원해주겠다는 선언이 아니라, 당장 마실 물, 먹을 음식, 잠잘 때 덮을 담요였던 것이다. 이들 NGO의 활동이 인도네시아인의 뇌리에 한국에 대한 좋은 인상을 남기고 코리아 브랜드(Korea brand)의 가치를 높여주었음은 말할 필요도 없는 사실이다.

NGO의 사회적 의미

진희 씨는 2010년 G20정상회의와 2012년 서울핵안보정상회의가 한국에서 개최되었을 때, 이러한 회의가 국가의 품격을 높인다고 선전하는 정부의 텔레비전 광고를 본 적이 있다. 국제회의의 유치가 국제사회에서 한국의 위상을 높여주는 것은 분명하지만, 국가의 품격에 관한 한 그러한 국제회의는 한 개의 NGO가 하는 활동에도 미치지 못한다는 생각이 들었다. 그만큼 NGO는 현대사회에서 중요한 역할을 하고 있다. 물론 NGO가 수행하는 역할은 단지 제도적 차원에만 국한되는 것이 아니다. 개인의 실존 차원에서도 삶의 의미를 창출하는 역할을 하고 있다. 그녀는 그동안 일반 회사에 다니면서 환경 NGO의 임원으로서 열심히 활동했다. 그런데 이번에 조기퇴직과 함께 인생의 이모작을 위해 시민사회 적응교육을 받으면서 NGO에 대해 이론적으로 많은 공부를 하게 되었다.

NGO는 어원적으로 비정부조직(non-governmental organization)을 뜻하지만, 한국에서는 주로 시민단체라는 의미로 쓰고 있다. NGO는 국가와 시장 바깥의 시민사회 영역에서 시민들이 자발적으로 결성하여 주로 자원봉사활동을 통해 공공의 이익을 추구하는 단체이다. 오늘날 사회적 이슈인 환경 · 인권 · 평화 · 여성 · 문화 · 국제원조 · 영성 등과 관련되어 활동하는 단체가 여기에 속한다. 이러한 영역에서 정부가 하지 못하고, 기업이 관심을 보이지 않는 각종 공익적 활동을 하는 것이다. NGO의 활동에는 정부나 기업의 활동을 감시 · 견제하거나 정책제안을 하는 주창활동(advocacy), 정부가 생산하지 못하거나 생산을 위임한 각종 공공서비스의 생산(service production), 공정무역 · 지역화폐 · 생협 · 소공동체 · 명상 · 요가 등 기존의 국민국가와 자본주의체제에 대한 대안적 생활양식을 실험하는 대안사회운동(alternative society activism) 등의 다양한 영역이 있다.

진희 씨는 NGO에 대해 공부하면서 NGO의 활동이 사회적 다수나 약자의 이익과 관련되어 있음을 알게 되었다. 사회적 다수의 이익이라고

가정상비약 슈퍼판매 촉구 NGO들이 가정상비약을 슈퍼 등에서 손쉽게 구입할 수 있도록 정책개정을 촉구하고 있다. NGO가 약사들의 반대와 국회의원들의 부관심 속에도 이러한 주장을 하는 것은 사회적 다수의 이익을 지향하기 때문이다.

할 때, 그것은 회원의 직접적인 이해관계가 아니라 불특정 다수의 공통된 이익을 의미한다. 예를 들어, 얼마 전 가정상비약의 슈퍼판매에 관한 정책이 사회적 이슈가 된 적이 있다. 이러한 정책은 선진국에서 이미 시행되고 있는 것이다. 대통령이 직접 나서 즉각적인 정책 시행을 주문했지만, 보건복지부는 국회의 반대와 무관심에 부딪혀 정책을 제대로 관철하기 어려웠다. 국회가 이 정책을 시행하는 데 미적거렸던 이유는 약사회라고 하는 강력한 이익집단이 반대했기 때문이다. 약사회는 국민의 건강을 이유로 가정상비약의 슈퍼판매를 반대했지만, 누구나 알고 있듯이 이는 기본적으로 약사들의 수입이 줄어들기 때문에 벌어진 반대였다. 그런데 경실련(경제정의실천시민연합)을 비롯하여 많은 NGO들은 사회적 다수의 이익을 지향하기 때문에 가정상비약의 슈퍼판매를 찬성하는 쪽에 힘을 실어주었다. 물론 NGO는 여성·노인·아동·장애인·이주노동자·알코올의존자·에이즈환자·미혼모·새터민·전과자 등과 같은 사회적 약자, 그리고 동성애자·소수인종·병역거부자·희귀병환자·채식주의자 등 사회적 소수자의 이익에도 민감하게 반응한다.

진희 씨는 NGO의 활동이 이러한 권력견제나 정책개선에만 그치지 않는다는 사실도 알게 되었다. 시민의 자발적 결사체인 NGO는 개인의 문화적 정체성, 삶의 질 향상 등과도 밀접한 관련이 있다. 예를 들어, 사람들은 국가와 시장 바깥의 시민사회에서 각종 결사체를 만들어 서로 교류하고, 공동의 관심을 추구하고, 리더십을 경험하고, 민주주의를 학습한다. 그래서 야생동물을 보호하는 단체들은 산을 누비면서 올가미를 걷어내고, 문학을 좋아하는 사람들은 밤에 시낭송회를 열고, 어려운 학생을 도우려는 사람들은 함께 장학금을 모금하기도 한다. 물론 이러한 활동은 국가·인간·육체의 테두리를 넘어 확장되고 있다. 그래서 NGO는 국가의 경계를 넘어 다양한 국제원조활동을 펼치고, 인간중심의 문명을 비판하며 자연을 보호하는 활동을 하고, 육체의 차원을 넘어 정신적 힘을 실현하는 영성운동을 하기도 한다.

진희 씨는 현대사회에서 NGO의 역할이 매우 가치 있는 것이라는 생각이 들었다. 이미 미국이나 유럽과 같은 선진국에서는 수백 만 개의 NGO가 있다. 심지어 아시아·아프리카·남아메리카의 개발도상국에서도 많은 NGO들이 사회개발을 목표로 활동하고 있다. 한국에서는 1987년 6월항쟁 이후 민주화가 진행되면서 많은 NGO가 쏟아져 나와 오늘날 그 수가 5만 개에 달한다고 한다. 그야말로 NGO는 정부와 기업과는 별개로, 인간의 삶의 질을 증대하고 개인의 문화적 정체성을 확립하는 데 없어서는 안 될 중요한 사회적 제도이자 문화적 양식이라는 사실을 알 수 있었다.

NGO 인큐베이터의 길

진희 씨는 시니어사회공헌일자리 교육 프로그램을 마치고 나서 시민사회단체연대회의, 희망제작소, 풀뿌리시민센터 등에서 운영하는 각종 시민사회적응 프로그램에 대해 알아보았다. 다양한 교육이 이루어지고 있기도 했지만, 이러한 교육에 대해 정부도 재정지원을 하고 있었다. 이것은 곧 시니어의 사회적응을 위해 정부가 적극적인 관심을 기울이고 있음을 의미한다. 오늘날 고용기간이 줄어드는 반면 평균수명은 늘어나서 퇴직 후에도 많은 시간이 남는다. 이제 모든 사람은 정년까지 근무하다 퇴직한다고 하더라도, 그 후 자신 앞에 남아 있는 20여 년의 인생을 어떻게 보낼 것인가에 대해 심각하게 고민해야 한다. 정부지원은 시니어가 봉사활동을 통해 전문능력을 사회에 환원하거나, 아니면 각종 비영리활동을 통해 의미 있는 인생을 보내도록 유도하는 방향으로 이루어지고 있

<표 15-1> NGO인큐베이터 역할 단체

단체	교육 내용	위치
시민사회단체연대회의	정보교류, 미디어, 회계, IT, 활동가워크숍	서울
시민리더십센터	활동가 리더십, NGO 경영	서울
희망제작소	시민사회 적응 교육, 모금, 회계	서울
엔씨스콤	사회공헌 세미나 개최, 사회공헌 담당자 교육, 모금전략	서울
세스넷	활동가 교육, 사회적 기업 창업	서울
여행사공공	활동가 워크숍, 활동가 해외연수	서울
NGO센터	단체교류, 자료제공, 활동가 양성, 모금	부산, 대구, 광주
풀뿌리시민센터	단체교류, 사회적 기업 설립, 시민교육, 경영컨설팅	대전
복지세상을 열어가는 시민모임	세미나 개최, 회원교육, 조사, 쉼터 운영	천안

다. 이것은 사회전체로 보면 건전한 사회질서와 공동체문화를 형성하는 데 매우 중요하기 때문에 공공성이 강하다고 할 수 있다.

진희 씨는 세스넷에서 받은 교육이 계기가 되어 이후 몇 개의 시니어 시민사회적응 프로그램을 수강했다. 이를 통해 시민사회와 NGO에 대해 알게 되면서 새로운 결심을 했다. 같이 교육을 받은 사람들 중에는 교사 · 간호사 · 공무원 · 회사중역 등 전문 인력도 많았다. 대부분의 사람들은 요즘 인기가 있는 사회적 기업을 창업하는 데 관심이 많았다. 기업을 운영하면서 사회적 목적을 실현한다는 것이 매력적으로 보였던 모양이다. 그러나 진희 씨는 NGO 인큐베이터(incubator)라는 새로운 일을 한번 해보기로 결심했다. 새로운 영역이기는 하지만, 전망이 밝아 보였다. 이 영역은 직접 강의를 하거나 전문능력이 필요한 것이 아니라, 강사와 수강자를 연결하는 프로그램을 운영하는 것이다. 따라서 이 분야 전문가

및 각종 단체와 네트워크를 형성하는 것이 가장 중요했다. NGO를 연구하는 학자와 베테랑 활동가들의 이름을 확보하는 방식으로 NGO분야 전문가에 대한 정보를 수집했고, 교육을 받을 활동가가 있는 단체에 대한 자료는 각종 총람 서적과 시민단체 여러 영역의 협의회·연대체 등을 통해 확보했다.

진희 씨가 NGO 인큐베이터를 매력적이라고 느낀 이유는 이 직업이 미래 트렌드와도 부합하기 때문이다. 일자리가 줄어들고 실업자가 늘어남에 따라 앞으로 시니어에 대한 시민사회 적응교육은 확대될 것으로 보인다. 일단 은퇴한 개인들은 일정한 소득을 확보하거나 남아 있는 인생을 의미 있게 보내기 위해 시민사회에서 각종 활동을 하게 될 것이다. 고용의 관점에서 본다면 정부나 기업에 재취업하기란 어려운 일이고, 여가선용의 입장에서 본다면 시민사회에서 봉사활동이나 시민운동과 같은 다양한 사회적 활동이 가능하기 때문이다. 이러한 경향은 개인차원뿐만 아니라 정부차원에서도 마찬가지이다. 정부에서도 은퇴한 시니어를 지원하여 시민사회 적응훈련을 받게 함으로써 시민사회에서 고용을 창출하고, 각종 봉사활동을 통해 공공성을 강화할 수 있다.

물론 시민사회에서 활동하는 것은 시니어만이 아니다. 진희 씨는 앞으로 청소년도 각종 NGO에서 활발하게 활동할 것으로 예측했다. NGO 활동은 바로 청소년의 정서함양, 리더십 훈련과 밀접한 관련이 있기 때문이다. 실제로 중고등학교에서는 NGO의 활동이나 현장학습이 활발하게 진행되고 있었다. 외국의 사례를 본다면, 독일의 안나 뤼어만(Anna

Lührmann)이라는 여학생은 2002년 만 19세 때 독일연방의 최연소 국회의
원(비례대표)이 되었다. 그리고 2006년에는 23세의 나이로 지역구에서 재
선되었다. 또한 캐나다의 크레이그 킬버거(Craig Kielburger)라는 청년은 만
20세였던 2002년에 노벨평화상 후보에 올랐다. 킬버거는 10대 때 이미 두
번이나 노벨평화상 후보에 오른 적이 있다. 이 두 사람의 공통점은 모두
환경 NGO의 지도자란 사실이다. 이렇게 본다면 NGO는 청소년에게 중
요한 교육장이라고 할 수 있다.

　진희 씨는 서울 근교에 ○○시민사회센터라는 이름으로 NGO 인큐베
이터의 사무실을 열었다. 그녀가 서울 근교로 간 것은 사무실 임대를 비
롯하여 유지비용이 낮은 이점도 있었지만, NGO 활동가의 각종 연수 프
로그램을 진행하기 위해서였다. 활동가들의 프로그램을 위해 서울 한복
판보다는 자연경치가 좋은 서울 근교가 더 낫다고 보았다. 그리고 정부
가 지원하는 시민사회 적응훈련 프로그램은 서울에서 장소를 대여해서
추진할 수 있다고 생각했다. 심지어 정부지원 프로그램은 서울시에 여럿
있는 고용노동부의 고용센터나 직업훈련원을 무료로 사용할 수 있었다.
그녀는 처음에는 개인사업으로 시작했으나, 6개월이 지나 사회적 기업
의 요건을 갖추면 사회적 기업으로 탈바꿈할 계획을 세웠다. 이때 취약
계층의 고용과 관련해서 장애인·여성가장·노인 등을 고용할 생각을
했다.

　진희 씨의 ○○시민사회센터에서는 NGO의 설립 및 활동과 관련된
다양한 교육이 마련되었다. 우선 NGO설립 컨설팅이 진행되었다. 조기

주요 사업	구체적 내용	대상
NGO설립 컨설팅	목적설정, 발기인대회, 창립대회, 임원선출, 재정확보, 회원모집	NGO를 설립에 관심 있는 시니어 · 청년 · 청소년
리더십 교육 · 훈련	리더십 자질, 갈등관리, 감수성 훈련	NGO 활동가
모금 · 회계 전략 교육	모금원리, 모금전략, 회계	NGO 활동가
상근자 재교육	상근자의 능력증진	NGO 활동가
국제연대 구축	국제 NGO 활동, 국제대회 소개, 네트워크 구축, 해외 NGO와의 교류	NGO 활동가
활동가 연수	활동가 대회, 워크숍, 해외연수	NGO 활동가
프로젝트 수주전략 교육	정부 · 기업 · 재단의 프로젝트의 내용 및 수주전략	NGO 활동가
시민사회 적응훈련	시민사회, NGO, 시민운동, 자원활동, 사회적 기업에 대한 이론과 실제	시민운동, 사회적 기업, 봉사활동 등을 시작하려는 자

퇴직을 한 시니어나 청소년들이 NGO에 대해 공부를 하면서도 실제로 어떻게 NGO를 설립하는지 궁금해한다. 단체의 목적을 설정하는 것부터 시작하여 발기인대회 · 창립대회 · 임원선출 · 재정확보 등과 같은 NGO 설립과정에 대해 컨설팅하고 교육하는 것이다. 그리고 NGO 활동가의 리더십 교육 · 훈련 사업도 실시했다. 공익을 추구하는 자발적 결사체는 조직구조나 목적이 정부나 기업과 다르기 때문에 권위주의형이나 지시형 리더십이 아니라, 민주형 · 코치형 · 팀워크형 리더십을 발휘해야 하므로, 이와 관련된 이론을 제공하는 것이다. 또한 활동가들이 자기계발을 위해 교육받거나 훈련받는 것이 필요하므로, 이를 위해 수련회 · 워크숍 개최, 해외연수 등을 운영하는 활동가 연수 프로그램을 시행했다. 그런가 하면 시니어 · 대학생 · 청소년들이 시민사회에서 창업을 하거나

봉사활동을 하기 위해 필요한 교육을 받는 시민사회 적응훈련도 진행했다. 이 외에도 모금 · 회계 교육, 상근자 재교육, 국제연대 구축, 프로젝트 수주전략 등과 같은 프로그램이 있었다.

NGO 인큐베이터의 전망

진희 씨가 알아본 바에 의하면, 시민사회에는 NGO뿐만 아니라 많은 재단이 있다. 특히 선진국에서는 기업가들이 돈을 벌어서 시민사회에 각종 재단을 만든다. 그만큼 선진국의 시민사회에는 돈이 많다. 그리고 선진국일수록 시민사회의 각종 활동에 대한 정부의 관심과 지원이 활발하다. 시민사회는 복지서비스를 생산하고 민주시민을 양성하는 장소로서 민주주의의 질적 발전과 밀접하게 관련되어 있기 때문이다. 더구나 현대사회에서는 정부가 은퇴자의 재교육을 적극 지원하고 있다. 은퇴자는 주로 시민사회에서 활동하기 때문에 정부의 지원금은 결국 시민사회로 오게 되어 있다. 이러한 이유로 시민사회에서 다양한 교육 · 훈련 프로그램이 진행되고 있다. 심지어 일본에서는 NGO 정보센터, NGO 플라자처럼 각종 NGO에 대한 취직 · 정보제공 · 상호교류 · 교육 등의 사업이 체계적으로 진행되고 있다.

이에 비해 한국에서는 아직 NGO의 인큐베이터가 태동단계에 있다. 그러나 최근 몇 년 간 NGO 활동가의 교육이나 연수 프로그램이 활성화

NGO 활동가 워크숍 NGO 활동가의 연수는 활동가들 간의 교류, 정보교환, 능력
증진, 감수성개발 등의 측면에서 매우 중요하다. 그래서 정부는 시민사회의 발전
을 위해 이러한 NGO 활동가의 교육과 훈련을 적극적으로 지원하고 있다.

되기 시작했고, 심지어 NGO 활동가와 정부의 민관협력 부서담당 및 기
업의 사회공헌 부서담당 간의 교류도 강화되고 있다. 그런가 하면 정부
에서도 고용노동부·보건복지부·환경부·여성가족부 등을 중심으로
NGO 활동가에 대해 지원하거나 시니어의 시민사회 적응훈련을 위한
예산을 편성한다. 지방정부도 이러한 활동에 커다란 관심을 보여 NGO
와 협력하는 거버넌스가 점점 늘어나고 있다. 이것은 앞으로 한국도 서
구 선진국처럼 시민사회의 각종 활동에 대한 정부지원이 활성화된다는
것을 의미한다. 그렇다면 시민사회센터, NGO 플라자, 사회적 기업 등과
같은 NGO 인큐베이터를 지향하는 기관이 늘어날 수밖에 없다. 즉, 앞으

로의 트렌드는 진희 씨가 생각하는 방향으로 가고 있는 것이다. 이런 점
에서 진희 씨는 지금 하고 있는 일의 전망을 매우 밝게 보고 있다. 남보다
먼저 시작하여 운영능력을 쌓고 네트워크를 구축해둔다면, 이 분야에서
권위 있는 기관으로 인정받을 수 있을 것이다.

저자소개

박상필(朴祥弼) npongo@naver.com

경희대학교, 알래스카대학교(University of Alaska Anchorage), 경북대학교에서 정치학·정책학·행정학 등을 공부하고, NGO에 대한 연구로 박사학위를 받았다. 연세대학교·이화여자대학교 강사와 경희대학교 NGO대학원 객원교수를 거쳐, 현재 성공회대학교 NGO대학원 초빙교수이자 시민운동정보센터 소장, 미래사회와종교성연구원 연구위원, 한국NGO학회 부회장으로도 활동하고 있다. 지은 책으로는 『NGO와 현대사회』(2001), 『NGO를 알면 세상이 보인다』(2007), 『NGO와 정부 그리고 정책』(2008), 『유토피아 코리아』(2008), 『국가 시장 비판』(2010), 『NGO학』(2011), 『한국 시민사회 프로젝트』(공저, 2012) 등이 있다.

제3의 직장

내 삶의 가치를 찾아줄 새로운 일자리 이야기

ⓒ 박상필, 2013

지은이 ㅣ 박상필
펴낸이 ㅣ 김종수
펴낸곳 ㅣ 도서출판 한울
편집책임 ㅣ 배유진
편집 ㅣ 백민선

초판 1쇄 인쇄 ㅣ 2013년 5월 6일
초판 1쇄 발행 ㅣ 2013년 5월 20일

주소 ㅣ 413-756 경기도 파주시 파주출판도시 광인사길 153 한울시소빌딩 3층
전화 ㅣ 031-955-0655
팩스 ㅣ 031-955-0656
홈페이지 ㅣ www.hanulbooks.co.kr
등록번호 ㅣ 제406-2003-000051호

Printed in Korea.
ISBN 978-89-460-4719-8 03330

* 책값은 겉표지에 표시되어 있습니다.